# Re-Islamisierung und Islamismus

Hintergründe und sozialpolitische Ursachen
am Beispiel Ägypten

von

Monika Schimmelpfennig

Tectum Verlag
Marburg 2005

Coverabbildung:
Joseph-Philibert Girault de Prangey: Moschee von Kalaun.
Cairo. 1842, Daguerreotypie.

**Schimmelpfennig, Monika:**
Re-Islamisierung und Islamismus.
Hintergründe und sozialpolitische Ursachen am Beispiel Ägypten.
/ von Monika Schimmelpfennig
- Marburg : Tectum Verlag, 2005
ISBN 978-3-8288-8878-4

Tectum Verlag
Marburg 2005

# INHALTSVERZEICHNIS

# Umschriftenübersicht

| | | | |
|---|---|---|---|
| أ | ' | ض | ḍ |
| ب | b | ط | ṭ |
| ت | t | ظ | ẓ |
| ث | th | ع | ʿ |
| ج | j | غ | gh |
| ح | ḥ | ف | f |
| خ | kh | ق | q |
| د | d | ك | k |
| ذ | ḏ | ل | l |
| ر | r | م | m |
| ز | z | ن | n |
| س | s | ه | h |
| ش | sh | و | w, u |
| ص | ṣ | ي | y, i |

# 0 Einleitung

## 0.1 Anlaß und Problemskizze zur Themenstellung

"Lokale Al Qaida-Gruppen sollen Anschläge verübt haben. (...) Die marokkanischen Behörden haben eine von zwei lokalen Gruppen radikaler Islamisten, die zugleich Zweige des Al Qaida-Netzwerks sein sollen, mit den Attentaten von Casablanca in Verbindung gebracht."
(FRANKFURTER ALLGEMEINE vom 20.05.2003, S. 5)

"Die jüngsten Attentate zeigen: Der Kampf gegen Al Qaida ist noch lange nicht gewonnen. George W. Bush könnte zu früh triumphiert haben"
(FINANCIAL TIMES vom 20.05.2003, S. 29)

Diese und ähnliche Schlagzeilen spiegeln die aktuelle Berichterstattung (oft auch in den Fernsehnachrichten bezüglich der so genannten 'Terroranschläge islamischer Fundamentalisten[1] bzw. Extremisten") wider. Al Qaida und islamistische Terroranschläge sind in aller Munde, spätestens seit dem 11. September 2001. Dabei wird leider oft nicht trennscharf zwischen Islamisten und Islam allgemein[2] unterschieden. In dieser Arbeit soll der Versuch gemacht werden, zwischen *Islamismus* und der so genannten *Re-Islamisierung*[3] zu differenzieren und einige Ursachen für beide Phänomene herauszuarbeiten. Besonderes Gewicht wird dabei auf die Frage gelegt werden, inwieweit mangelnde Sozialpolitik und *Islamismus* oder *Re-Islamisierung* zusammenhängen. Viele der heutigen islamistischen Gruppierungen leiten ihre Ideologie von der Muslimbruderschaft, die 1923 in Ägypten gegründet wurde, her.[4] Daher soll die Fragestellung nach der Differenzierung von *Islamismus* und *Re-Islamisierung* und den Ursachen der beiden Phänomene (mit beson-

---

1   Dabei lehne ich die Bezeichnungen *Fundamentalisten* ab: s. Kap. 0.2.

2   Gemeint ist nicht der Islam an sich, sondern die jeweiligen Islamverständnisse; s. Kap. 6.1.

3   Die *Re-Islamisierung* wird von der Mehrheit der Muslime heute vertreten und bedeutet ganz allgemein die Rückbesinnung auf die eigene Identität d.h. den Islam, während dem *Islamismus* nur eine Minderheit anhängt (vgl. KHALID 1983). S. auch Kapitel 0.2 dieser Arbeit.

4   Man erinnere sich auch an die terroristischen Anschläge auf Touristen im Ägyptischen Museum Kairo und in Luxor 1997.

derem Gewicht auf der Sozialpolitik) am Beispiel Ägypten untersucht werden, um die Hintergründe der heutigen islamistischen Gruppen wie z.b. Al Qaida zu beleuchten.

Meine Untersuchung grenze ich zeitlich auf die Sozialpolitik nach der Revolution von 1952 ein, weil dieser Zeitraum für *Re-Islamisierung* und *Islamismus* besonders bedeutsam ist. Den Schwerpunkt bildet die Sozialpolitik unter NASSER (JAMAL ABD AN NASIR)[5], denn sie schuf die Basis für die spätere und aktuelle staatliche Sozialpolitik. Kaum berücksichtigt habe ich die koptische Minderheit, da diese auf andere Weise als die muslimische Mehrheit von der staatlichen Sozialpolitik und *Re-Islamisierung* bzw. *Islamismus* betroffen ist.

## 0.2 Begriffsklärung

*Re-Islamisierung, Fundamentalismus, Integralismus, Islamismus,* usw. - zahlreich sind die Termini, welche die in den letzten Jahrzehnten wachsende Rückbesinnung auf den Islam (Islamische Renaissance) bezeichnen. Über die Definition und den Gebrauch der einzelnen Begriffe herrscht oft Unsicherheit.

> "Die "Re-Islamisierung" ist eine amorphe Strömung mannigfacher Tendenzen, die in der islamischen Welt in den siebziger und achtziger Jahren wieder Auftrieb hat, nachdem es eine ähnliche Welle bereits Ende der dreißiger bis Anfang der fünfziger Jahre gab."(KHALID 1983, S. 3)

> "Diese generelle "Re-Islamisierung", als ein Nativismus mit wenig scharfen Konturen und mannigfachen Ausformungen und Untertendenzen, sollte nicht verwechselt werden mit dem spezifischeren Phänomen des "Islamismus". (ebenda, S. 5)

> "Ohnehin gibt es "den" Islam ebenso wenig wie "das" Christentum." (LÜDERS 2002, S. 6f)

*Re-Islamisierung* und *Islamismus* sind beides Ausdruck des allgemeinen Nativismus, der in den letzten Jahrzehnten in der Dritten Welt vorherrschte. Die *Re-Islamisierung* wird heute von der Mehrheit der

---

5    Aus Gründen der Übersichtlichkeit werde ich bei bekannten und oft in der Arbeit erwähnten Eigennamen wie NASSER bei der ersten Erwähnung die korrekte Umschrift in Klammern beifügen, bei weiteren Nennungen eine gebräuchlichere Form verwenden.

Muslime vertreten und bedeutet ganz allgemein die Rückbesinnung auf die eigene Identität, d.h. den Islam. Dem *Islamismus* hingegen hängt lediglich eine Minderheit der Muslime an, und er stellt eine politische Ideologisierung dar, da er den Islam nicht nur als Religion oder Kultur, sondern als politische Ideologie versteht. Er richtet sich gegen ausländische Einflüsse wie Sozialismus, Liberalismus usw. (vgl. IBRAHIM 1992). Außerhalb der islamischen Welt werden der *Islamismus* und seine terroristischen Varianten oft überschätzt, weil meist nicht zwischen *Re-Islamisierung* und *Islamismus* differenziert wird. Zwar nährt sich der *Islamismus* von der allgemeinen *Re-Islamisierung*, doch bleibt er innerhalb dieser ein Extrem. Ein differenzierter Umgang mit dem *Islamismus* und seinen terroristischen Varianten ist nach MASSARAT (2002, Nr. 03–05) erforderlich[6]. Nicht-islamistische Muslime sehen den *Islamismus* häufig als Parasiten in der generellen *Re-Islamisierung* an (vgl. KHALID 1983). *Islamismus* ist der Terminus, mit dem sich seine Protagonisten (*Islamiyyun*) selbst bezeichnen, wenn sie einen einzelne Gruppierungen übergreifenden Namen suchen. Europäische Autoren bezeichnen Islamisten häufig als Anhänger des Politischen Islam (vgl. FLORES 1993), als Fundamentalisten oder Integralisten. Doch Fundamentalismus heißt im Christentum eine Richtung, die ein wörtliches Festhalten an der Heiligen Schrift postuliert. Dies trifft zwar auf viele der so genannten fundamentalistischen Gruppen zu, aber nicht auf alle. Deshalb ziehe ich der Bezeichnung Fundamentalismus den Namen Integralismus vor. Denn hier ist eine Richtung gemeint, die aus dem heiligen Text alle Leitlinien für das private und öffentliche Leben entnimmt. Dies ist der genaue gemeinsame Nenner der islamischen Integralisten, die dadurch den Säkularisten entgegengestellt werden können, die gegen diese religiöse Hegemonie im öffentlichen und privaten Leben eintreten (vgl. STEPPAT 1988). Doch setze ich Integralismus nicht mit *Islamismus* gleich, sondern verstehe *Islamismus* oder Politischen Islam als eine noch extremere Form des Integralismus.[7]

Zwar verwenden die in meiner Arbeit berücksichtigten Autoren die Begriffe oft anders als ich, doch werde ich ihre Begriffe, der Übersichtlichkeit halber, den meinen anpassen, aber natürlich in Fußnoten die ursprünglich von ihnen verwendeten Termini festhalten.

---

6    Vgl. auch METZGER 2000, S. 1 - 10
7    Ich schließe mich damit FLORES (1993) an. STEPPAT (1988, S. 41Sf) dagegen setzt Integralismus und *Islamismus* gleich.

Nun zum Begriff Sozialpolitik: Dieser Begriff ist trotz jahrelanger wissenschaftlicher Bemühungen um eine Definition umstritten geblieben (vgl. LAMPERT 1994). Sozialpolitik kann u. a. als Politik für Arbeiter, für alle wirtschaftlich Unselbständigen oder für wirtschaftlich Schwache verstanden werden, um nur einige der unterschiedlichen Auffassungen aufzuzeigen. Auch unterliegt die Sozialpolitik durch die Veränderung sozialer Zustände einem geschichtlichen Wandel. Für eine allgemeingültige Definition sollte man, so LAMPERT (1994, S. 3f), deshalb von raum- und zeitunabhängigen Zielrichtungen der praktischen Sozialpolitik ausgehen. Dazu gehören:

1. die Verbesserung der wirtschaftlichen Lage und sozialen Stellung solcher Bevölkerungsgruppen, die im Gegensatz zu anderen als wirtschaftlich und/oder sozial schwach gelten;
2. die Sicherung der wirtschaftlichen Lage und sozialen Stellung für den Fall des Eintritts existenzgefährdender Risiken für solche Personen, die nicht selbst Vorsorge für diesen Fall treffen können.

Diese Definition könne nach LAMPERT (1994, S. 3) inhaltlich gefüllt werden durch Konkretisierung der Ziele, der Grundsätze, der Objekte, der Träger und Mittel der jeweiligen Sozialpolitik.

Beschäftigt man sich mit dem Thema Sozialpolitik, so stösst man häufig auf die Begriffe Soziale Sicherung und Soziale Sicherheit.

Soziale Sicherung meint eine Summe von Einzeltätigkeiten wie z.B. die Verteilung von Geldleistung, aber auch Handlungsformen der Rechts-, Wirtschafts- und Bildungspolitik im Zeitverlauf, wobei dieser Handlungskomplex auf Versorgungsunsicherheiten ausgerichtet ist (vgl. ARTICUS 1990). Meist bezieht sich die Soziale Sicherung nicht auf die ganze Bevölkerung, sondern auf bestimmte Gruppen.

Soziale Sicherheit kann zweifach verstanden werden: als empirischer Begriff, der das Ergebnis der sozialen Sicherung bezeichnet, oder als Komplex von Motiven und Werten, aus denen heraus und auf die ausgerichtet Maßnahmen ergriffen werden (ebenda, S. 132).

Hierbei sei angemerkt, daß in der englischsprachigen Literatur meist der Begriff social security (Soziale Sicherheit) für beide Begriffe verwendet wird.

## 0.3 Forschungsstand

Die in europäische Sprachen übersetzte wissenschaftliche Literatur zu Ägypten hat sich nur lückenhaft mit sozialpolitischen Themen befaßt. Zwar existieren vereinzelt Studien zur Sozialpolitik unter NASSER oder SADAT (ANWAR AS-SADAT) (SCHAMP 1977, PAWELKA 1985 u. a.), doch zur aktuellen Sozialpolitik unter MUBARAK war mir in Deutschland so gut wie kein Material zugänglich. Vor allem das Orientinstitut in Hamburg verfügt im sozialpolitischen Bereich leider hauptsächlich über Publikationen älteren Datums. Daher beziehen sich meine Literaturangaben in diesem Bereich und besonders die Quellen und Statistiken leider meist auf die 80er und 90er Jahre.

Die wenigen vorhandenen Arbeiten zur NASSER- und SADAT-Ära sind überwiegend deskriptiv und verknüpfen ihre Ergebnisse nur unzulänglich mit den politischen und ökonomischen Rahmenbedingungen des ägyptischen Systems, vor allem aber in der Regel nicht mit den Phänomenen von *Re-Islamisierung* und *Islamismus*. Auch über die sozialpolitischen Gesetzesvorschläge und sozialen Aktivitäten der islamischen und islamistischen Gruppen existieren fast keine Untersuchungen[8]. Die Sozialarbeit dieser Vereinigungen wird lediglich am Rande anderer Fragestellungen in wissenschaftlichen Werken (z.B. BERGER 1970 und BADR 1968) erwähnt, nicht aber ausführlich behandelt. Wegen dieser Forschungslücken, hinsichtlich der aktuellen staatlichen Sozialpolitik, der sozialpolitischen Forderungen und der sozialen Projekte der religiösen Organisationen und zum Zusammenhang von Sozialpolitik und *Re-Islamisierung/Islamismus*, kann meine Arbeit die genannten Themenbereiche nur anreißen, nicht umfassend darstellen.

Als ich im Mai 2003 meine Magisterarbeit von 1997 für die Veröffentlichung überarbeitete, stellte ich fest, daß es seit dem 11. September etliche Bücher, die sich mit Fragestellungen rund um den "Islam" beschäftigen, gibt. Diese Bücher habe ich z. T. mit einbezogen, doch den Schwerpunkt meiner Literaturangaben auf den älteren Publikationen gelassen; denn diese thematisieren eher die für

---

8     Das Fehlen von sozialpolitischen Vorschlägen wird z.B. den Muslimbrüdern oft vorgehalten, die ein solches Programm jedoch erst publik machen wollen, wenn sie an der Macht sind (nach mündlicher Auskunft von Herrn Prof. Dr. ELWAN aus Heidelberg).

11

diese Studie relevanten Problemstellungen. Die Quellen und Statistiken habe ich mit Absicht auf dem Stand von 1997 gelassen, um die Situation zum Zeitpunkt der terroristischen Anschläge auf Touristen in Kairo und Luxor 1997 darzustellen.

## 0.4 Abgrenzung des Materials

Die Arbeit basiert auf dem Material, das mir in Deutschland zugänglich war: also deutsch-, englisch-, französischsprachige und ein wenig arabischsprachige Literatur - meinen Arabischkenntnissen entsprechend. Wichtig war es mir, möglichst viele außereuropäische Autoren zu Wort kommen zu lassen. Leider waren mir kaum ägyptische Gesetzestexte zugänglich, und ein Sozialgesetzbuch wie in Deutschland existiert nicht. Deshalb beschränke ich mich auf die Auswirkungen einiger Einzelgesetze, d. h. die konkreten sozialpolitischen Entwicklungen.

## 0.5 Methodik

Der gesellschaftliche Auftrag an die Wissenschaft in allen Gesellschaftssystemen besteht in der Erklärung der Realität und deren Komplexität (vgl. LAMPERT 1994)[9]. Diese Komplexität wird bei wissenschaftlicher Sozialpolitik besonders deutlich, da hier interdisziplinäre Zusammenarbeit nötig ist (vgl. LAMPERT 1994). Für die vorliegende Arbeit ergibt sich daraus die Konsequenz, das Thema interdisziplinär zu betrachten. Politologische, soziologische und religionswissenschaftliche Fragestellungen und Modelle sollen helfen, die Verknüpfung der Sozialpolitik mit den Phänomenen *Re-Islamisierung* und *Islamismus* zu erkennen und darzustellen. Methodisch werden durch eigene Interpretationen die erarbeiteten Ergebnisse aufeinander bezogen, um zu einer Analyse der ägyptischen Sozialpolitik, Überprüfung der Fragestellung und deren Konsequenzen zu gelangen. Offensichtlich ist, daß mit dieser Methode eine Strukturierung und Reduktion verbunden ist (vgl. FLICK 1995). Die Aspekte der Sozialpolitik werden in den Vordergrund gestellt, die Rahmenbedingungen der anderen Disziplinen in den Hintergrund gerückt. Dadurch soll keinesfalls der Eindruck einer Kausa-

---

9    Dabei wird laut LAMPERT (1994, S. 4) je nach System die Wissenschaft
     u.U. an die herrschende Ideologie gebunden.

lität oder sogar Monokausalität erweckt werden. Doch können die interdisziplinären Ergebnisse nicht in die Tiefe gehen. Zu beachten ist dies nicht nur bei der Lektüre des Analysekapitels, sondern auch bei den Konzepten von Sozialpolitik, den sozialen Komponenten im Islam und der Landeskunde Ägyptens in den Kapiteln eins bis drei, da sie durch eine Selektion ausgewählter Fakten akzentuiert sind[10] und deshalb kein Anspruch auf Vollständigkeit erhoben wird.

## 0.6 Zum Aufbau der Arbeit

Den Anfang bildet eine theoretische Darstellung der Sozialpolitik in der Dritten Welt, ferner ein Überblick über soziale Komponenten im Islam und eine kurze Landeskunde Ägyptens, in der auch die Phänomene *Re-Islamisierung* und *Islamismus* vorgestellt werden. Diese drei Anfangskapitel sind notwendig, um die Sozialpolitik des ägyptischen Staates und die islamistischen Gegenkonzepte, die ich in den zwei folgenden Kapiteln darstellen werde, zu verstehen. Dementsprechend können die ersten drei Kapitel als parallele und systematisch voneinander getrennte Zugangswege verstanden werden. Sie werden im Kapitel 6 (Analyse und Wertung) auf die Kapitel 4 und 5 (staatliche und religiöse Sozialpolitik) im Hinblick auf die Überprüfung der Fragestellung der Arbeit, nach Zusammenhängen zwischen Sozialpolitik und *Re-Islamisierung/Islamismus*, bezogen. Dabei werden die in den Kapiteln 1 bis 5 erarbeiteten Ergebnisse untereinander verknüpft. Bei dieser Analyse werden zuerst die Sozialpolitikkonzepte und islamischen sozialen Komponenten auf die ägyptische Sozialpolitik angewendet. Diese Untersuchung der Einflußfaktoren auf die Sozialpolitik (6. 1) trägt dem Thema der Arbeit Sozialpolitik Rechnung und führt zur Überprüfung der Fragestellung (6.2) hin. In diesem Abschnitt werden hauptsächlich die im Landeskundekapitel (3) gewonnenen Erkenntnisse verarbeitet. Dadurch fließen nicht-pädagogische Disziplinen (Kapitel drei beinhaltet politologische, historische, ökonomische, soziologische und religionswissenschaftliche Elemente) in die pädagogische Fragestellung mit ein. Rechnung getragen wird z.B. dem Gegenwartsbezug der Geschichte. Konsequenzen der untersuchten Beantwortung der Fragestellung für die Entwicklungszusammenarbeit (6.2) und die Situation der Frau (6.4) runden das Analysekapitel ab.

---

10    Hierdurch soll ein grober Abriss, z.B. der gesamten Geschichte Ägyptens vermieden werden.

# 1 Konzepte von Sozialpolitik

Im so genannten Entwicklungsland Ägypten vermischen sich kapitalistische (Kolonisierung durch die Franzosen und Briten, sowie durch die Liberalisierungspolitik unter SADAT), sozialistische (durch die NASSER-Ära) und arabische Einflüsse[11]. Alle drei wirkten nicht nur auf die allgemeine Politik, sondern auch auf die historische Entwicklung der ägyptischen Sozialpolitik und ihre heutige Ausprägung ein. Daher werde ich nach der kurzen Darstellung einer Theorie der Sozialpolitik, die ich als Basis für wichtig halte, einige Merkmale von Sozialpolitik in der Ersten, Zweiten, Dritten[12] und schließlich arabischen Welt skizzieren[13].

## 1.1 Grundzüge einer Theorie staatlicher Sozialpolitik nach LAMPERT

LAMPERT (1994, S . 131 - 153) legt seinen Ausführungen zwei Fragen zugrunde: die nach der Notwendigkeit staatlicher Sozialpolitik und die nach den Determinanten der Entwicklung[14].

Die Entstehungsbedingungen für eine staatliche Sozialpolitik fasst LAMPERT nach ZWIEDINECK-SÜDENHORST (191 1, S. 2-50) wie folgt zusammen:

> "1. eine im Zuge wirtschaftlicher Entwicklung mit der Arbeitsteilung und der beruflichen Gliederung verbundene Vergesellschaftung, die
> a) die wirtschaftliche Autarkie bestimmter Sozialgebilde zerstört und gegenseitige Abhängigkeiten schafft (...) und
> b) gleichzeitig in ihrem inneren Gefüge eine Schichtung aufweist, die durch Unterschiede im Besitz, im Einkommen, im Beruf und in der Rasse begründet sein kann

---

11   S. Kap. 3.2.

12   Ich möchte anmerken, daß ich die Begriffe Dritte Welt oder Entwicklungsländer nicht abwertend meine.

13   An dieser Stelle möchte ich noch einmal betonen, daß ich wenige Merkmale selektiere, um einen Abriss der unterschiedlichen Sozialpolitikkonzepte auf den wenigen Seiten, die zur Verfügung stehen, zu vermeiden. Ich erhebe also keinen Anspruch auf Vollständigkeit.

14   Da LAMPERTs Theorie sehr ausführlich ist, und in diesem Abschnitt nicht alle seine Hypothesen vollständig dargestellt werden können, gebe ich nur einige seiner Ergebnisse kurz wider.

14

2. eine unterschiedliche Teilhabe der unterschiedlichen gesellschaftlichen Schichten an den wirtschaftlichen Errungenschaften, die
a) entweder das Fortbestehen der Gesellschaft durch eine
Bedrohung des inneren Friedens gefährdet (...) oder
b) aufgrund der Überzeugung für korrekturbedürftig gehalten wird, daß jedes Individuum einen Anspruch auf ein
menschenwürdiges Dasein und auf die für die Persön-
lichkeitsentfaltung notwendigen Bedingungen hat (...);
3. die Existenz eines Bedarfs, der kollektiv bzw. politisch
gedeckt werden kann. (...)"(LAMPERT 1994, S. 132)

Eine allgemeine Systematik, von der für bestimmte Stufen gesell-
schaftlicher und wirtschaftlicher Entwicklung und für unterschiedlich organisierte Gesellschaften sozialpolitische Bedarfe[15] abgeleitet
werden können, findet LAMPERT (1994, S. 134) bei HANS PETER
WIDMAIER (1976, S. 47-55). Darin wird zwischen permanent vor-
handenem Grundbedarf, evolutions- oder entwicklungsbedingtem,
verteilungsbedingtem, katastrophenbedingtem und gewecktem Bedarf unterschieden. Den geweckten Bedarf z.B. gibt es besonders in
weniger entwickelten Ländern, die von sich aus oder durch Entwicklungszusammenarbeit sozialpolitische Systeme anderer (ent-
wickelterer) Länder zum Vorbild nehmen. Da sich der sozialpolitische Bedarf im Allgemeinen aus sozialen Funktionsmängeln der
Wirtschaftsordnungen ergibt, ist der Staat die für die Deckung des
Bedarfs zuständige Instanz. Dies gilt vor allem dann, wenn eine
Verschlechterung der Lebenslagen weder von den Betroffenen selbst
noch durch nichtstaatliche Einrichtungen beseitigt werden kann.
Dabei ist eine der Vorrausetzungen für die Entstehungsbedingun-
gen von staatlicher Sozialpolitik, daß der Staat (zumindest anfangs)
in der Lage ist, die Aufwendungen zu tragen (vgl. LAMPERT 1994).
Folgende Entwicklungsdeterminanten staatlicher Sozialpolitik führt
LAMPERT (1994, S. 137f ) an:

1. die Problemlösungsdringlichkeit, womit die Dringlichkeit
der Deckung des sozialpolitischen Bedarfs im Vergleich zu
anderen gesellschaftlichen Bedarfen und die Unterschiede
in der Dringlichkeit verschiedener sozialpolitischer Bedarfe
gemeint sind.

---

15    Die genannten Autoren verwenden hier die Form Bedarfe statt des in der
      Sprache allgemein gebräuchlichen Plurals Bedürfnisse.

2. die Problemlösungsfähigkeit, die das Vorhandensein wirtschaftlicher Mittel und geeigneter Instrumente bezeichnet.

3. die Problemlösungsbereitschaft der Träger der politischen
Verantwortung. Darunter werden die Entscheidungsspiel-
räume, ob, in welchem Umfang und wie gehandelt wird,
verstanden.

Diese primären Bestimmungsgründe der Entwicklung der Sozialpolitik werden ihrerseits durch sekundäre Determinanten beeinflußt. So wirken das Wertesystem, das einer Gesellschaft zugrunde
liegt, auf die Problemlösungsdringlichkeit oder ein Reichtum an
natürlichen Ressourcen auf die Problemlösungsfähigkeit ein. Durch
unterschiedliche Kombinationen bestimmter qualitativer Ausprä-
gungen dieser Determinanten und deren Gewichtung lassen sich
Entwicklungsunterschiede der Sozialpolitik zwischen verschiedenen
Gesellschaftssystemen und sozialpolitische Veränderungen innerhalb eines Systems erklären.

## 1.2 Erste und Zweite Welt

Die Sozialpolitik in Industrieländern wird häufig an die Industrialisierung als auslösenden Faktor geknüpft. Es gab schon in vorchrist-
licher Zeit sozialpolitische Programme, da diese immer dann auf-
tauchen, wenn eine soziale Frage, d.h. Unterschiede in politischen
oder persönlichen Rechten, wirtschaftlichen Gütern usw. bestehen.
Doch im Industriezeitalter wurde das Bedürfnis nach staatlicher Sozialpolitik besonders dringlich, als im Zuge der Aufklärung Zünfte,
Hörigkeit, Leibeigenschaft usw. aufgehoben und Freiheit der Be-
rufs- und Arbeitsplatzwahl sowie freies, gleiches und geheimes
Wahlrecht eingeführt wurden. Dadurch wurde die Lösung der sozialen Frage des vorindustriellen Zeitalters, die in einer ungleichen
Verteilung der Rechte zwischen einzelnen Klassen und Ständen be-
stand, aufgehoben. Die Arbeiterfrage gilt in Ländern der Ersten und
Zweiten Welt als auslösende Ursache neuzeitlicher staatlicher Sozi-
alpolitik (vgl. LAMPERT 1994). Im LEXIKON DER
SOZIALPOLITIK (1987, S. 346)[16] führte die Arbeiterfrage in den
Ländern der Ersten Welt zum Entstehen einer so genannten bürger-
lichen Reformpolitik, in den später als sozialistisch bezeichneten

---

16    Im folgenden wird die sozialistische Prägung des Lexikons, das in der
      Deutschen Demokratischen Republik erschien, deutlich.

Staaten zur Ausbildung einer Sozialpolitik gegen den Kapitalismus überhaupt.

In der Sozialpolitik vieler Länder der Ersten Welt wird die Eigenverantwortung des Individuums, entsprechend der kapitalistischen und wettbewerbsorientierten Wirtschaft, betont. Bei dem Subsidiaritätsprinzip in Deutschland beispielsweise erhält die Selbsthilfe Vorrang vor der Fremdhilfe (vgl. LAMPERT 1994).

Charakteristisch für die Sozialpolitik sozialistischer Länder ist ein großes Ausmaß an versteckter Arbeitslosigkeit und der Glaube, in der Endphase des Sozialismus seien sozialpolitische Programme unnötig, da vollkommene soziale Gerechtigkeit herrsche (vgl. DIXON 1992).

## 1.3 Dritte Welt

Aufgrund der Unterschiede der Entwicklungsländer, was ihren historisch-politischen, ökonomischen und kulturell-religiösen Hintergrund angeht, ist es schwierig, von einer einheitlichen Sozialpolitik dieser Länder zu sprechen.[17]

Meist erfolgt eine Gleichsetzung der Sozialpolitik mit Sozialer Sicherung:

"Unter Sozialpolitik werden häufig in erster Linie staatliche Maßnahmen verstanden, die der Sicherung des Einkommens von Arbeitnehmern und ihrer Familien im Falle einer Krankheit, der vorzeitigen Berufs- oder Erwerbsunfähigkeit durch Unfall oder Invalidität, im Alter, beim Tod des Ernährers oder im Falle der Arbeitslosigkeit dienen."
(LAMPERT 1994, S. 3)

Besonders in Studien über die Sozialpolitik der Dritten Welt wird Sozialpolitik oft mit Sozialer Sicherheit bzw. Sicherung gleichgesetzt[18]. Um den Stand der Forschung widerzugeben, werde ich mich auf die Soziale Sicherung konzentrieren. Nach ARTICUS (1990, S. 6)

---

17    Auch sind die Sozialpolitikkonzepte der Dritte-Welt-Länder umstritten, So daß es kein Standardkonzept gibt (nach mündlicher Auskunft von Herrn Dr. NEUBERT aus Mainz).

18    Sozialpolitik im weiteren Sinn (Gesundheits-, Beschäftigungspolitik usw.) birgt sich in der Entwicklungspolitik, die in dieser Arbeit nur am Rande berücksichtigt wird.

ist die Unsicherheit der materiellen Existenz unzähliger Menschen Hauptmerkmal und Hauptproblem der Entwicklungsländer. SCHUBERT (1990, S. V) schreibt, Soziale Sicherungsfragen gewännen auf Grund des sozialen, kulturellen und ökonomischen Wandels (z.B. Auflösung traditioneller sozialer Strukturen, Urbanisierung, wachsende Beschäftigungszahlen im formellen Sektor...) und Verarmung wachsender Bevölkerungsgruppen an Bedeutung in Entwicklungsländern. Die zwei Säulen des sozialen Netzes wären das Versicherungsprinzip (Leistungen werden aus den Beiträgen der Mitglieder finanziert) und das Solidaritätsprinzip (Finanzierung durch Umverteilung von Einnahmen aus dem staatlichen Steueraufkommen).

Die Entstehung der Systeme Sozialer Sicherung erfolgte in den verschiedenen Entwicklungsländern auf sehr unterschiedliche Art und Weise. Während in Lateinamerika die Industrialisierung eine große Rolle spielte, war dies in Afrika nicht der Fall (vgl. ARTICUS 1990). Umfassende Systeme der Sozialen Sicherung wurden in Afrika ab 1960 errichtet, obwohl bereits vorher einzelne Teilstücke der Sozialen Sicherung durch die Kolonialmächte eingeführt worden waren. Die Entstehungsphase der Sozialen Sicherung war in afrikanischen Entwicklungsländern nicht so sehr von wirtschaftlichen Strukturwandlungen, sondern von politischen Prozessen bei der Herausbildung von unabhängigen Staaten geprägt. Als Beispiel diene das Jahr 1966: Damals war die industrielle Produktion in den Industrieländern mit ca. 50% an der Erstellung der Bruttosozialprodukte beteiligt; hingegen lag im Fernen Osten und im tropischen Afrika der Anteil nur bei 20% (MANSHARD 1970, S. 206). Die Folge war, dass strukturelle Fakten der mit der Industrialisierung verbundenen Wandlungsprozesse wenig Einfluß auf die bürokratische und politische Thematisierung Sozialer Sicherung in Afrika ausübten (vgl. ARTICUS 1990).[19]

Für Entwicklungsländer gilt noch mehr als für andere Länder, dass Soziale Sicherheit immer eine politische Legitimation bildet. Soziale Sicherheit wird verstanden als Mittel zur politischen Kontrolle, Sta-

---

19    Bei diesem Vergleich ist es zweckmäßig, sich die unterschiedlichen Ausgangssituationen zu vergegenwärtigen, da die lateinamerikanischen Staaten generell um 1820, und damit rund 140 Jahre vor den afrikanischen Ländern unabhängig wurden. sowie weit mehr Europäer nach Südamerika als nach Afrika auswanderten.

bilisierung der Macht oder als Waffe in Wahlkampagnen. Politiker benutzen sie, um politische Unterstützung zu gewinnen.

Diesen Gebrauch der Sozialen Sicherheit als politisches Legitimationsinstrument haben auch Nicht-Regierungsorganisationen erkannt. Sie bieten ihren Anhängern Soziale Sicherheit und stärken so effektiv ihre politische Position (vgl. BENDA-BECKMANN 1988)[20].

Charakteristisch für die Soziale Sicherung in den Entwicklungsländern ist die weiter bestehende Bedeutung traditioneller Sicherungssysteme (Familie und Verwandtschaft, Nachbarschaftshilfe...) neben der staatlichen Sicherung (vgl. ARTICUS 1990). BENDA-BECKMANN (1988, S. 8) nimmt an, daß Entwicklungsländer in nächster Zeit nicht über ausreichende organisatorische und ökonomische Kapazitäten verfügen werden, um der ländlichen Bevölkerung konventionelle soziale Hilfe zu bringen. Deshalb würden große Teile der Bevölkerung weiterhin von lokalen sozialen Versicherungsmechanismen abhängig sein. Daher sei es für die staatliche Sozialpolitik wichtig, mit diesen traditionellen Sicherungssystemen zusammenzuarbeiten. Doch nach ARTICUS (1990, S. 73f) befinden sich die traditionellen Formen der Hilfe im Wandel[21]. Selbst wenn sie intakt sind, können sie wegen der wachsenden Armut oft nur wenig bewirken. Oder traditionelle Formen der Sicherung werden in semi-traditionelle Institutionen umgewandelt, um ihren Bestand zu sichern oder als quasi-traditionelle Einrichtungen rekonstruiert.

## 1.4 Arabische Länder

Charakteristisch für die geschichtliche Entwicklung der Sozialpolitik in arabischen Ländern ist ihre generelle Verknüpfung von Besitz mit Land[22]. Das liegt daran, daß die Wurzel für Armut, Ungleichheit

---

20  Wenn man sich mit der Sozialpolitik der Dritten Welt beschäftigt, darf nicht die Rolle von Korruption und außer Acht gelassen werden (laut mündlicher Auskunft von Herrn Dr. NEUBERT aus Mainz).

21  Ein Vergleich der verschiedenen Studien ist oft schwer, da der Terminus "Tradition" unterschiedlich verstanden wird. Einige Autoren bezeichnen nur Grundmuster, die zumindest aus vorkolonialer Zeit stammen, als traditionell. Andere stellen auch solche Formen als traditionell dar, die zwar ohne kolonialen Einfluss, aber in der Kolonialzeit entstanden sind (vgl.ARTICUS 1990).

22  Dies gilt auch für nicht-arabische Länder, in denen der primäre Sektor vorherrschend ist.

und Ungerechtigkeit in der sozialen Organisation von Landwirtschaft begründet lag. Zur Zeit der Gründung der islamischen Gemeinschaft im 7. Jahrhundert gehörte nach islamischem Recht das gesamte Land der *umma al-islamiyya* (Gemeinschaft der Gläubigen)[23]; Einzelne oder Gruppen bekamen lediglich Nutzungsrechte. Durch diese kommunale Struktur sollen Ungleichheiten nach der Meinung von ISMAEL/ISMAEL (1995 , S. 1 - 13) minimal gewesen sein[24]. Doch bis zur Regierungszeit von HARUN AR-RASHID (786-808) hätte die soziale Schichtenbildung zugenommen und sich in ungleicher Landverteilung gezeigt. Diese Ungleichheit nahm nach ISMAEL/ISMAEL (1995, S. 1 - 13) im Laufe der Zeit immer mehr zu. Mit der Ausdehnung des osmanischen Reiches in arabische Gebiete im 16. Jahrhundert wurde das Landverteilungssystem geändert. Das osmanische Landverteilungssystem stellte sich nach der Ansicht von ISMAEL/ISMAEL (1995, S. 1-13) als ein System willkürlicher Ausbeutung der Landbebauer durch Landhalter, die Abgaben einzogen, heraus. Als die Herrschaft der Osmanen zur Regierungszeit MUHAMMAD ALIS[25] in der arabischen Welt im Schwinden begriffen war und im 20. Jahrhundert europäische Kolonialmächte die arabischen Länder beherrschten, wurden die Muster von Armut, Ungleichheit und Ungerechtigkeit nach Meinung der Autoren durch koloniale Ausbeutung noch verstärkt (vgl. ISMAEL/ISMAEL 1995)[26].

## 1.5 Zusammenfassung

Die Notwendigkeit von staatlicher Sozialpolitik und die Determinanten ihrer Entstehung sind die zwei Fragestellungen, die LAMPERT seiner Theorie der staatlichen Sozialpolitik zugrunde legt. Die Sozialpolitikkonzepte der Ersten, Zweiten und Dritten Welt sowie in den arabischen Ländern, deren Einflüsse sich in Ägypten

---

23   Bei ISMAEL/ISMAEL (1995. S. 1-13) und auch allgemein in der Literatur wird meist der Begriff *umma,* der eigentlich Nation bedeutet, für den Terminus *umma al-islamiyya* (Gemeinschaft der Gläubigen) verwendet. Ich ziehe die korrekte Form vor.

24   Ich persönlich distanziere mich von der Aussage, ein solcher Idealzustand hätte existiert.

25   ALI war 1805-1849 Statthalter in Ägypten; s. Kap. 3.2.

26   Bei dieser These sollte man sich der recht linken Einstellung der Autoren bewußt sein.

vermischen, unterscheiden sich vor allem in ihrer Entstehungsge-
schichte. In den Ländern der Ersten und Zweiten Welt ist die Entstehung der neuzeitlichen Sozialpolitik mit dem Industrialisie-
rungsprozess des 19. Jahrhunderts verknüpft. Veränderungen der
Wirtschaft und Gesellschaft, wie beispielsweise Verstädterung und
Kapitalismus, die mit der Industrialisierung einhergingen, verlang-
ten ein sozialpolitisches Konzept. In den Entwicklungsländern sind
die Determinanten der Entstehung von Sozialpolitik nicht einheitlich. Während z.B. in Lateinamerika die Industrialisierung zur Einführung von Systemen der sozialen Sicherung führte, war in afrikanischen Dritte-Welt-Ländem die Industrialisierung keine bedeutsame Determinante der Entstehung von Sozialpolitik. Hier prägten
politische, nicht wirtschaftliche Prozesse die Entstehung der staatlichen Sozialpolitik, die auch heute noch ergänzt wird durch Formen
der traditionellen Solidarität, die allerdings im Wandel begriffen
sind. In der Dritten Welt wird Sozialpolitik meist mit Sozialer Sicherung gleichgesetzt und gilt als besonders wichtig für die Legitimation der Regierung. In den Ländern der arabischen Welt muss beach-
tet werden, dass die Entstehung von Sozialpolitik eng mit der sozialen Organisation der Landwirtschaft, d.h. der Landverteilung,
zusammenhängt.

Prägend für die Sozialpolitik in arabischen Ländern ist der Islam.
Deshalb werde ich im nächsten Kapitel soziale Komponenten im Islam behandeln.

# 2 Soziale Komponenten im Islam

Der Islam zeichnet sich durch einen integralistischen Anspruch aus. *Islam* - das bedeutet Hingabe an Gott. Der Gehorsam gegenüber Gott wirkt sich auf alle Bereiche des menschlichen Lebens aus (vgl. KHOURI 1988). So wird der Islam mehr als andere Religionen als umfassende Lebensordnung verstanden, in der es keine Trennung zwischen Religion, Politik und Sozialethik gibt[27] . Konkrete Bestimmungen finden sich im *qur'an*, der *sunna* und der *shari'a*. Der *qur'an*, d.h. die geoffenbarte Botschaft Gottes, und die *sunna*, d.h. das vorbildliche Verhalten, das Wort und der verbindliche Weg des Propheten MUHAMMAD, bilden die Grundlage für die *shari'a*, das religiöse Gesetz. Der Begriff *hadith* bezeichnet die Berichte bzw. Überlieferung der *sunna* (vgl. KHOURI 1988).

Die soziale Einstellung im Islam basiert auf der Unterordnung des Individuums unter die *umma al-islamiyya* und auf der gegenseitigen Verantwortung:

Durchdrungen ist der Islam vor allem von dem sozialen Ideal der Brüderlichkeit (vgl. VORA 1970). Dieses oberste islamische soziale Ideal wird so hoch geschätzt, dass der Abschluss einer besonders engen Freundschaft als heilig angesehen und mit der Ehe gleichgesetzt wird (vgl. SALEM o.J.). Aus dem Brüderlichkeitsgedanken folgen die sozialen Ideale Freiheit und Gleichheit (vgl. VORA 1970). Dabei ist das Wohlergehen des Individuums an das der Gemeinschaft gebunden, das wiederum vom Wohl des Staates abhängt (vgl. ISMAEL/ISMAEL 1995). Durch diese Einordnung der Einzelperson in die Muslimgemeinde ist die in *qur'an* und *sunna* festgelegte soziale Ordnung von besonderer Bedeutung und wird oft als sozialer Aspekt des Islam angesehen. Dazu gehören das koranische Erbrecht, die Bestimmungen über das Verhältnis von Mann und Frau, über das Eheleben, die Kindererziehung usw. (vgl. AHMAD 1981).

Da die gesamte islamische Welt von diesem Gemeinschaftsgedanken durchdrungen sei, könne es nach SALEM (o.J., S. 53) keine Spaltung oder Spannung zwischen staatlichen und individuellen Anschauungen geben. Eins bedinge das andere. Da sich mit den diesseitigen Zielen des Islam (Glück, Harmonie...) gewisse Erscheinungen wie unverschuldete Armut, Krankheit usw. nicht vertrügen, müsse die *umma al-islamiyya* nach Ansicht des Autors auf Abhilfe

---

27    Nur einige wenige Autoren und Muslime betrachten den Islam als apolitische, also nicht alles umfassende Religion.

sinnen. Dies sei eine völlige Selbstverständlichkeit. Aus dieser Einstellung erkläre sich das Fehlen einer Sozialpolitik im streng individualistisch bedingten Sinn. Von überragender Bedeutung sei das Fürsorgewesen, das auf dem Prinzip der zakat (Armensteuer[28]) basiere[29] (vgl. SALEM o.J.).

Im Gegensatz zur Theorie der Almosensteuer (zakat) ist deren Praxis noch wenig erforscht. Bekannt sind die Verbreitung von Armenspeisungen seit der Anfangszeit des Islam und die Errichtung von Armenküchen unter den Osmanen. Heute haben religiöse Wohlfahrtsorganisationen und der Rote Halbmond die Aufgaben der Armenküchen übernommen (vgl. LEXIKON DER ISLAMISCHEN WELT 1974).

Nach diesen einleitenden Gedanken sei kurz die geschichtliche Entwicklung des islamischen sozialpolitischen Gedankenguts skizziert, bevor ich auf zwei soziale Komponenten im Islam eingehe.

## 2.1 Entwicklung islamischer sozialpolitischer Inhalte

Zentrale soziale Bewegungen waren die qaramita und zahiriyya.

Nach GSTREIN (1988, S. 285f.) zeichnete sich der Islam von Anfang an durch eine soziale Einstellung aus. Dies zeige sich etwa in den bindenden Normen über die Beschränkung der Anhäufung von Gütern, der Wahrung der Würde der Arbeitenden im hadith. Schon bald formte sich bei den islamischen Sekten eine besonders sozial, fast kommunistisch zu nennende Richtung - die qaramita. Ihre Anhänger errichteten im 9. Jahrhundert im heutigen Südirak einen unabhängigen Staat. Zwar wurden sie von orthodoxen Sunniten verurteilt, doch durchdrangen ihre Ideale von sozialer Gleichheit und Gerechtigkeit in Verbindung mit einer monotheistischen Philosophie die mittelalterliche islamische Welt und beeinflussten die Herausbildung einer regelrechten islamischen Soziallehre. Vordergründig war allerdings eine eher bürgerlich orientierte Schule vorherrschend. Sie wurde von AL-FARABI (ca. 870-950) begründet und stellte den Individualismus ganz unislamisch über die soziale Verantwortung. Dem entgegen stand der heute als Sozialist der islamischen Frühzeit bezeichnete Sozialkritiker AL-GHIFARI. Er wollte

---

28   S. Kap. 2.2.
29   Wobei dieser Anspruch, das zakat-System ersetze eine Sozialpolitik, mit Vorsicht zu genießen ist; s. Kap. 2.2.

das Privateigentum auf das Nötigste beschränken und den allgemeinen Überfluss von der Gemeinde verwalten lassen. Die Ideen AL-GHIFARIs lebten in der islamischen Schule der *zahiriyya*[30] fort und wurden im 12. Jahrhundert von IBN HAZM, dem Andalusier, theoretisch untermauert. IBN HAZM gilt bei den islamischen Modemisten des 19. und 20. Jahrhunderts als Vater des islamischen Sozialismus (vgl. GSTREIN 1988).

Die islamische Soziallehre, die von der *qaramita*- und der *zahiriyya*-Schule (vgl. GOLDZIHER 1952), AL-GHIFARI und IBN HAZM beeinflusst wurde, basiert auf einer freiwilligen sozialen Haltung des Gläubigen. Auch das Recht jedes einzelnen auf Religion, Leben, Familie, Besitz und Handlungsfreiheit ist grundlegend. Der Privatbesitz ist heilig. Jedoch ist jeder verpflichtet, Notleidenden zu helfen (ebenda, S. 288ff).

Die viel radikaleren Ideen des von einem Oberen kontrollierten Kollektivs führten zur Bildung von *tariqa* (Bruderschaften), die im Zuge der sufi-Mystik im 13 . Jahrhundert entstanden und sich in gemäßigter Form bei den heutigen Orden des Neo-Sufismus wieder finden lassen (ebenda, S. 288ff).

Über soziale Ansätze im Islam machten sich besonders im 19. Jahrhundert einige Sozialreformer Gedanken, die an dieser Stelle nur kurz erwähnt werden sollen. RIFA 'A BADAWI RAFI ' AT-TAHTAWI (1801 - 1873) setzte sich für die Bauern ein und vertrat die Gleichwertigkeit von Mann und Frau. Er betonte besonders die Verantwortung des Staates für das Wohl des einzelnen. Diese Ansicht vertrat auch JAMAL AD-DIN AL-AFGHANI (1839 - 1897), dessen politisches Reformwerk bedeutsam ist[31]. Sein Schüler MUHAMMAD ABDUH (1849-1905) plädierte für kollektive soziale Fürsorge und die Bedeutung gleicher Besitzverhältnisse. ABDUHs Schüler QASIM AMIN (1865-1908) gilt als Pionier der Emanzipation der Frau. ABD AR-RAHMAN AK-KAWAKIBI (1854-1902), auch ein Schüler von ABDUH, wurde durch seine Analyse der Armutsprobleme bekannt. Durch sein Werk "Soziale Gerechtigkeit" im Islam wurde SAYYID QUTB (1906-1966)[32] zum geistigen Führer *islamistischer* Gruppen (vgl. ISMAEL/ISMAEL 1995).

---

30    Die *zahiriyya* ist eine Richtung des Islam, welche die Gesetze nur aus dem Wortlaut (*zahir*) von *qur'an* und *sunna* ableiten wollte (vgl. ENZYKLOPAEDIE DES ISLAM 1934 und GOLDZIHER 1952).

31    S. Kap. 3.4.

32    S. Kap. 5.2.

## 2.2 zakat

Unter den sozialen Komponenten im Islam wird die *zakat* meist an erster Stelle genannt (vgl. WEISS 2002, S. 7-38). Sprachlich leitet sich der Begriff von der Wurzel *zakka* ab, was "sich reinigen" (vgl. NIENHAUS 1982) oder "wachsen" (vgl. HUSAIN 1924) bedeutet.

> "Mit dem Namen *zakat* bezeichneten die späteren Muslime eine im Gesetz genau reglementierte Steuer, die man von bestimmten Vermögensbestandteilen nach einem festen Maßstab aufbringt und die an 8 genau umschriebene Kategorien von Personen ausgeteilt wird," schreibt JUYNBOLL (1910, S. 94).

In der europäischen Literatur wird diese Steuer als Almosen-, Armen- oder Sozial-steuer bzw. -abgabe bezeichnet (vgl. NIENHAUS 1982). Es gibt zwei Arten von *zakat*: Die *zakat al-fitr* wird am Tage des Fastenbrechens nach dem Ramadan (islamischer Fastenmonat) den Armen gespendet, die *zakat al-mal* wird von den Gütern entrichtet. Neben der *zakat* existiert in der islamischen Tradition der Terminus *sadaqa*. *Sadaqa* bedeutet "die Wahrheit sagen" im Sinne des aufrichtigen Handelns. Über Jahrhunderte hinweg wurde zwischen *zakat* und *sadaqa* nicht klar unterschieden. Erst in neuerer Zeit wird *zakat* als eine nach islamischem Gesetz verpflichtende Steuer, *sadaqa* als freiwilliges Almosen verstanden. Die Relevanz der *zakat* wird dadurch evident, daß die *zakat* als dritte Säule des Islam gilt[33] und in zahlreichen Stellen in *qur'an* und *hadith* erwähnt wird (vgl. NIENHAUS 1982 und ENZYKLOPAEDIE DES ISLAM 1934).

> "Und verrichtet das Gebet und entrichtet die Armenspende und gehorchet dem Gesandten; vielleicht findet ihr Barmherzigkeit."(KORAN; übersetzt von Paret, 24,56)

Reformatoren der letzten 100 Jahre wollten die islamischen Länder mit Hilfe der *zakat* wieder auf den Weg des Fortschritts bringen. Nach NIENHAUS (1982, S. 5f) bestehen in der Gegenwart (Stand von 1982) in keinem islamischen Land außer Pakistan gesetzliche Regelungen über den staatlichen Einzug der *zakat*. Dagegen schreibt BENDA-BECKMANN (1988, S. 339), daß in einigen Ländern, z.B. in Saudi Arabien oder Malaysia, *zakat*-Gesetze existieren und praktiziert werden. Manche islamische Ökonomen stellen die *zakat* als Sozialversicherungssystem par excellence dar. Nach NIENHAUS

---

33  Der Islam basiert auf fünf Säulen: dem Glaubensbekenntnis, dem Gebet, der Abgabe, dem Fasten und der Pilgerfahrt.

(1982, S. 120) existieren auch Parallelen zwischen der Unterstützung der Armen durch die *zakat* oder durch Unfall-, Arbeitslosen- bzw. Rentenversicherung. Doch sei die starre Festlegung des Mittelaufkommens problematisch[34]. In einer Wirtschaftskrise nähme das Mittelaufkommen ab, die Bedürftigen-, d.h. die Empfängerzahl zu. Dadurch nähme die Hilfe für den einzelnen ab, gerade dann, wenn sie besonders benötigt würde. Ein anderes Problem besteht darin, daß in der Moderne neue Vermögensarten entstanden sind (z.b. Sparkonten, Wertpapiere...), die von den traditionellen *zakat*-Regeln noch nicht erfasst sind (vgl. NIENHAUS 1982). Verschiedene Unternehmen haben sich bemüht, durch Berechnungsschemata Orientierungshilfen zu geben, die den heutigen Verhältnissen angepaßt sind[35]. Doch sind diese Leitlinien nicht einheitlich.

## 2.3 waqf

Der *waqf* gilt als wichtiger Pfeiler der islamischen Kultur[36] und zeigt den Zusammenhang von wirtschaftlichen und sozialen Aspekten im Islam. Unter *waqf*[37] versteht man eine wohltätige Stiftung, bei der Eigentümer seine Verfügungsgewalt aufgegeben hat (vgl. SROUR 1982)[38]. Dadurch unterliegt der *waqf* sozusagen dem Rechtsanspruch Gottes (vgl. HOEXTER 1995, S. 133-156). Der Gewinn, den ein *waqf* abwirft, wird für erlaubte gute Zwecke verwendet. Dabei muß die gestiftete Sache von Dauer sein und Nutzen abwerfen. Die Stiftung des Objekts ist unwiderruflich, und der *waqf* muss bedingungslos sein und sofort in Kraft treten (es sei denn, der Stifter stürbe). Es werden zwei Formen von *waqf* unterschieden: Der Familien-*waqf* (die Familie ist der Nutznießer) und der gemeinnützige *waqf* (vgl. SROUR 1982 und ENZYKLOPAEDIE DES ISLAM 1934).

---

34 Die *Zakat* ist ein im *qur'an* genau festgelegter Prozentsatz des Einkommens bzw. Vermögens.

35 Z.B. die Muslim Student's Association in den USA oder eine ägyptische Studie über islamische Banken (vgl. NIENHAUS 1982).

36 Die *waqf*-Institution wurde wahrscheinlich nach dem Tode des Propheten im 7. Jahrhundert. errichtet und im 8. Jahrhundert (*salafiyya*-Gesellschaftsordnung, Urislam) vervollständigt. Demzufolge besteht sie seit mehr als zwölfhundert Jahren in der islamischen Tradition.

37 Pl. : *auqaf* von *waqafa* = haltmachen, stehen bleiben (vgl. LEXIKON DER ARABISCHEN WELT 1972).

38 Dabei meint *waqf* ursprünglich nur die Rechtshandlung der Stiftung, wurde aber im Sprachgebrauch auf das gestiftete Objekt übertragen.

Die soziale Bedeutung des *waqf* sieht man daran, daß es heute in den meisten islamischen Ländern regelrechte *waqf*-Ministerien gibt (vgl. ULE 1969). Durch die *waqf* Institution wird die Notlage der unteren Schichten gelindert (Bau von Schulen, Moscheen, Krankenhäusern...). Doch der *waqf* wirkt nicht nur sozialpolitisch, sondern durchdringt die ganze islamische Gesellschaft und beeinflußt Religion, Moral, Wirtschaft und auch Politik. Er hat allerdings auch Schattenseiten. Oft wollten die Stifter der Steuer (vgl. ISMAEL/ISMAEL 1995) oder dem koranischen Erbrecht (oft wird der Grundbesitz zersplittert, und auch Frauen wird ein Teil des Erbes zugesprochen) entgehen (vgl. ULE 1969). Häufig in seiner Geschichte wurde der *waqf* ausgehöhlt. Die *waqf*-Immobilien wurden in der toten Hand[39] konzentriert, d.h. das Vermögen lag brach oder wurde fehlgeleitet (vgl. SROUR 1969). Dadurch wurde kein Gewinn mehr erzielt. Oder es kam zu volkswirtschaftlichen Problemen, da die Zahl der nicht arbeitenden Rentenempfänger stieg (vgl. ULE 1969).

Nach einer Institutionalisierung und Ausdehnung des *waqf* (7.- 16. Jahrhundert) und einer Stagnation (17.-19.Jahrhundert) wird nach SROUR (1969, S. 279f) die Struktur des *waqf* heute verwestlicht. Der *waqf* büße dadurch seine Rolle als dominierender sozialpolitischer Faktor ein. Er sei allerdings noch tief im sozialen Bewußtsein der Muslime verwurzelt.

## 2.4 Zusammenfassung

In der Entwicklungsgeschichte des Islam zeigt sich eine deutliche soziale Ausprägung. Einzelne Reformatoren und ganze Bewegungen schrieben soziale Ideen auf ihre Fahnen. Zwei bedeutsame soziale Komponenten im Islam sind *zakat* und *waqf*[40]. Beide trugen wesentlich zur sozialen Dynamik der islamischen Gesellschaft bei und sind auch heute noch im sozialen Bewußtsein der meisten Muslime

---

39    Obwohl dieser Begriff häufig in der Fachliteratur verwendet wird, erscheint er mir an dieser Stelle nicht ganz zutreffend, da er aus der europäischen Geschichtswissenschaft übernommen wurde. wo er einen Besitz des Klerus bezeichnet, der abgabenfrei gegenüber dem Staat ist.

40    Häufig wird in der Literatur *riba*, das Zinsverbot, als Hinweis auf den sozialen Gehalt der koranischen Wirtschaftsordnung durch Verbot von Ausbeutung verstanden. Doch existieren Kontroversen über diese Interpretation, so daß ich diesen Punkt nicht berücksichtigt habe.

verankert. Doch ist umstritten, inwieweit diese beiden karitativen Elemente des Islam ihre Funktionen heute noch erfüllen oder (sogar) zu einer Verbesserung der Situation der islamischen Länder führen können.

# 3 Eine kurze Landeskunde der Arabischen Republik Ägypten

"Viele Erscheinungen sprechen dafür, Ägypten als ein Land des Übergangs von einem Entwicklungsland zu einem Schwellenland zu betrachten," schreibt IBRAHIM (1996, S. 1). Für diese These sprächen Ägyptens gut ausgebautes Bildungssystem, hohe landwirtschaftliche Produktion, erfolgreiche Energiewirtschaft und früher Industrialisierungsansatz (1815). Auch eine funktionierende Infrastruktur samt Dienstleistungssektor und die parlamentarische Demokratie mit einem Mehrparteiensystem führt IBRAHIM (1996, S. 1f) an[41]. Dennoch besäße Ägypten einige Merkmale, wie sie für Entwicklungsländer typisch seien. Die Diskrepanz zwischen dem Umfang fruchtbaren Landes und der stetig wachsenden Bevölkerung vergrößere sich seiner Meinung nach zunehmend, während die Wachstumsrate der Wirtschaft abnähme. Auch die hohen Auslandsschulden, die steigende Arbeitslosigkeit und Armut und die soziale Disparität kennzeichneten Ägypten als ein Dritte-Welt-Land (vgl. IBRAHIM 1996).

Um die Probleme Ägyptens und besonders um seine Sozialpolitik zu verstehen, ist eine kurze Landeskunde zweckmäßig. Dabei beschränke ich mich auf die Aspekte *Naturräumliche Gegebenheiten, Geschichte und politisches System, Wirtschaftliche Entwicklung, Religion, Bevölkerung und Gesellschaft und Soziale Probleme.*

## 3.1 Naturräumliche Gegebenheiten

Naturräumliche Gegebenheiten bestimmen das Leben der Bevölkerung in Ägypten sichtbar mehr als in anderen Ländern (vgl. WILBER 1969). Geprägt wurde Ägyptens territoriale Identität maßgeblich durch zwei Faktoren: der Knappheit an Kulturfläche und der großen Bedeutung des Nils, die der Bevölkerung eine Identifi-

---

41    Diese Angaben sollten mit Vorbehalt gelesen werden. Denn andere Autoren und auch IBRAHIM selbst (einige Seiten später) bezeichnen Ägyptens Bildungssystem als noch mangelhaft (vgl. IBRAHIM 1996), seine Landwirtschaft als nicht ausreichend für die wachsende Bevölkerung (vgl. IBRAHIM 1996) und sein Mehrparteiensystem als verschleierte Diktatur (vgl. IBRAHIM 1996).

kationsmöglichkeit gab. Dies war bei anderen arabischen Ländern aufgrund ihrer willkürlichen Grenzziehung selten der Fall.

Bei einer Gesamtfläche von 997.739 qkm (LÄNDERBERICHT ÄGYPTEN 1993, S. 25) bestehen über 96% des Landes aus Wüsten (BÜTTNER/BÜTTNER 1993, S. 154). Die Bevölkerung des bevölkerungsreichsten Landes im arabischen Raum von 56 Millionen Einwohnern (1993) ballt sich auf 35.200 qkm Kultur- und Siedlungsland[42] am Nilufer zusammen (ebenda, S. 154). Durch den 1970 gebauten Assuanstaudamm wurden 3.300 qkm Neuland gewonnen. Die negativen Folgen wie Klimaveränderung, Erosion der Flußufer, Versalzung weiter Flächen, Ausbleiben des fruchtbaren Nilschlamms usw. werden dabei laut BÜTTNER/BÜTTNER (1993, S. 154) in Kauf genommen oder der mangelnden Aufklärung, d.h. einem Fehlverhalten der Bauern, angelastet. Durch den wachsenden Bevölkerungsdruck stehe die Neulandgewinnung an erster Stelle der Politik.

## 3.2 Geschichte und politisches System

Da eine Zusammenfassung der Geschichte Ägyptens von der prähistorischen bis in die heutige Zeit auf wenigen Seiten zu oberflächlich geriete und dem Land nicht gerecht würde, werde ich mich hauptsächlich auf das 20. Jahrhundert ab NASSER konzentrieren. Charakteristisch für Ägyptens geschichtliche Entwicklung sind vor allem folgende Faktoren:

Seit mehr als 3000 Jahren ist es den Ägyptern gelungen, im Zuge einer permanenten, wechselnden Fremdherrschaft immer neue Schichten zu assimilieren. Die Folgen, die sich hieraus ergeben, variieren je nach Autor. Nach WILBER (1969, S. 1) teilt Ägypten zwar viele Gemeinsamkeiten mit seinen arabischen Nachbarn und stellt sich als arabisches Land dar, doch bleibt es einzigartig ägyptisch , d.h. ist sich seiner pharaonischen Vergangenheit bewusst. Trotz fast andauernder Fremdherrschaft habe sich Ägypten seine eigene vorarabische Kultur und Gesellschaft bewahrt. IBRAHIM (1996, S. 24) dagegen schreibt, die heutige Identität Ägyptens sei nicht endogen oder durch die ruhmreiche pharaonische Vergangenheit, sondern

---

42    Vergleiche dazu die Bevölkerungszahl von 2002 von 66 Mio (Central Agency for Mobilization and Statistics, Internet); Vgl. 1993 Deutschland mit einer Fläche von 356.974 qm und 81 Mio Einwohnern (vgl. LÄNDERBERICHT DEUTSCHLAND 1995, 5. 15-18).

durch Fremdherrschaft geprägt. Das Ergebnis sei die allzu bereitwillige Übernahme von Fremden. Die ersten Eroberer waren im 2. Jahrtausend v. C. asiatische Gruppen während der Zeit der Pharaonen (3200-332 v. C. : 1.-30. Dynastie).

Von dieser Zeit an erfolgte die wechselnde Fremdherrschaft von den Römern über die Islamisierung durch die Araber (642 n. C.) und die Eroberung durch die Türken 1517 bis zum Beginn der Europäisierung durch die Invasion Napoleons (1798-1801) und das folgende britische Protektorat, um nur einige Eroberer zu nennen (vgl. IBRAHIM 1996).

Im Zuge der Fremdherrschaft kam es immer wieder zu religiösen Konflikten zwischen Kopten und Muslimen (v. a. Anfangszeit der Islamisierung), Sunniten und Schiiten (z.B. Fatimidenreich) usw., so daß Ägypten auf eine lange Tradition der religiösen Auseinandersetzungen zurückblickt.

Folge der europäischen Fremdherrschaft war eine fortschreitende Verwestlichung[43]. Der türkische Einfluss in Ägypten verringerte sich während und nach der Regierung des osmanischen Statthalters albanischen Ursprungs MUHAMMAD ALI (1805-1 849)[44] vor allem durch die Orientierung an europäischer, besonders französischer Kultur. Der Prozess der Europäisierung und endogener Entwicklung, der mit MUHAMMAD ALI unter anderem durch ein neues Bildungswesen, Infrastrukturmaßnahmen usw. begann, wurde durch seit 1882 die Besetzung Ägyptens durch die Briten fortgesetzt (vgl. WILBER 1969 und SCHOLCH 1987). Das Ende des 19. Jahrhunderts und der Beginn des 20. Jahrhunderts waren geprägt von einer Phase der Entwicklung des ägyptischen Nationalgedankens (vgl. SCHOLCH 1987). Die Unabhängigkeit erlangte Ägypten 1922 infolge der Revolution von 1919 (vgl. BÜTTNER/BÜTTNER 1993). Damit wurde die Demokratisierung eingeleitet, und die erste Verfassung (1923) konstituiert, die bis 1952 in Kraft blieb (vgl. WILBER 1969). 1952 lösten die Freien Offiziere unter GAMAL ABDEL NASSER (1918-1970) mit einem unblutigen Staatsstreich die Monarchie ab und übernahmen die Macht. Die neuen politischen Ziele der so genannten Sozialen Revolution umfassten eine Landreform, den Bau des Assuanstaudammes, Industrialisierung und Ausbau des Erziehungs- und Gesundheitswesens, sowie die Auflösung der bis-

---

43    Der Begriff Verwestlichung umfaßt nicht nur kapitalistische, sondern auch sozialistische Einflüsse.

44    In der Literatur auch als MEHMET geführt.

herigen politischen Parteien (1953) zugunsten einer Einheitspartei. 1956 erhielt Ägypten eine neue Verfassung[45]. Aufgrund seiner außenpolitischen Erfolge galt NASSER bald als Führer des Panarabismus, und er versuchte, Ägypten durch eine Politik der Blockfreiheit Entwicklungshilfeleistungen aus West und Ost gleichermaßen zu sichern. 1958 erfolgte die Vereinigung Ägyptens mit Syrien zur VEREINIGTEN ARABISCHEN REPUBLIK. 1961 jedoch kam es zur Sezession Syriens unter anderem wegen der Verstaatlichungen, die NASSER vornahm. In den 60er Jahren verfolgte NASSER mit dem so genannten Nasserismus die Idee des Arabischen Sozialismus, d.h. eines eigenen Entwicklungsweges. In einer provisorischen Verfassung wurden 1964 und in der permanenten Verfassung 1971 dessen Prinzipien verankert. Nach anfänglichen Erfolgen kam es zu wachsenden finanziellen Schwierigkeiten, Abwendung der westlichen Geberländer, Abhängigkeit von sowjetischer Hilfe und schließlich zur Niederlage gegen Israel im Junikrieg von 1967 (vgl. BÜTTNER/BÜTTNER 1993).

Ein Friedensabkommen mit Israel wurde 1979 nach dem Tod NASSERs (1970) von dem ägyptischen Präsidenten ANWAR AS-SADAT (1918 - 1981) geschlossen. Er änderte die Verfassung und den Landesnamen von Vereinigte Arabische Republik zu Ägyptische Arabische Republik bzw. Arabische Republik Ägypten (vgl. IBRAHIM 1996) und führte durch das modifizierte Parteiengesetz von 1977 das Mehrparteiensystem wieder ein. Wie NASSERs Regierungszeit durch den arabischen Nationalismus und Arabischen Sozialismus, den Nasserismus gekennzeichnet war, so ist das Hauptcharakteristikum von SADATs Amtszeit seine Politik der Öffnung (*infitah*) (vgl. IBRAHIM 1996). Wegen der großen Korruption kamen die Gewinne dieser kapitalistischen Tendenz jedoch kaum der Bevölkerung zugute. Außenpolitisch pflegte SADAT vor allem die Beziehungen zu den USA (vgl. BÜTTNER/BÜTTNER 1993). Er gewährte den unter NASSER systematisch verfolgten Muslimbrüdern mehr Freiheit, wodurch es zum Entstehen neuer, radikalerer *islamistischer* Gruppen (z.B. *al-jami'at al-islamiya*) kam; damit förderte er ironischerweise gerade die Gruppen, die ihn 1981 ermordeten (vgl. IBRAHIM 1996). SADATs Vizepräsident und Nachfolger HOSNI MUBARAK (geboren 1928) setzte die von SADAT eingeleitete In-

---

45  Sie war vorher vier Jahre in Bearbeitung. Die Autoren BÜTTNER/BÜTTNER verwenden hier den Begriff Verfassung, laut mündlicher Auskunft von Herrn Prof. KROPP aus Mainz handelt es sich jedoch eher um einen Nationalen Pakt bzw. eine Quasiverfassung.

nen- und Außenpolitik größtenteils fort. Er lockerte die enge Bindung an die USA etwas und führte die Liberalisierung vorsichtiger weiter. Auch er konnte die *Islamisten* nicht durch Toleranz beschwichtigen. Denn als sich Ende der 80er Jahre, u. a. durch die vermehrte Korruption, die wirtschaftliche und soziale Situation verschlimmerte, nahm die Gewalttätigkeit der *islamistischen* Gruppen außerhalb des etablierten politischen Spektrums zu. Als sich MUBARAK dann im Golfkrieg 1990 mit den USA gegen SADAM HUSEIN stellte, wuchsen die Terrorakte der Islamisten, die den Staat destabilisieren wollten, immer weiter. MUBARAK reagierte mit 6000 Verhaftungen, worauf Morddrohungen und ein Attentatsversuch gegen ihn während der Afrika-Gipfelkonferenz in Addis Abeba 1995 folgten (vgl. IBRAHIM 1996)[46].

Seit der Ermordung SADATs 1981 herrscht wegen dieser innenpolitischen Instabilität der Ausnahmezustand (vgl. IBRAHIM 1996). Dadurch ist die Pressefreiheit stark eingeschränkt, so dass IBRAHIM (1996, S. 26) Ägypten als Polizeistaat oder "verschleierte Diktatur" bezeichnet. Dazu ist zu bemerken, dass ein solcher Polizeistaat in krassem Gegensatz zu der traditionellen Rolle der ägyptischen Regierung nach WILBER (1969, S. 135f) steht. Der Autor schreibt, daß neben dem zentralistischen Prinzip das Hauptmerkmal der ägyptischen Regierung darin bestanden hätte, zwar steuerliche und rechtliche Angelegenheiten sowie die Wasserversorgung zu regeln, doch nicht in soziale Belange und die Autonomie von Familie und Individuum einzugreifen.

Offiziell wird Ägyptens Staatsform heute als präsidiale Republik bezeichnet. Der Islam ist Staatsreligion, und das islamische Gesetz, die *shari'a*, offiziell Hauptquelle der Gesetzgebung. Das Staatsoberhaupt, der Präsident der Republik, wird vom Abgeordnetenhaus benannt und durch eine Volkswahl bestätigt. Vom Ende des 19. Jahrhunderts bis zum zweiten Weltkrieg war das Parteienspektrum von antikolonialistischen Parteien geprägt, unter NASSER wurden

---

46    Eine wichtige Rolle in der Zeit NASSERS, SADATs und MUBARAKs spielten die Kriege. Die Niederlage 1967 gegen Israel führte zu einem Erstarken der *Islamisten*, die die mangelnde islamische Ausrichtung des Staates verantwortlich machten. Auch SADAT zog mit dem Abkommen von Camp David den Zorn weiter Bevölkerungskreise zu, das als Verrat an der islamischen Sache ansahen. MUBARAK schließlich spielte den *Islamisten* in die Hände, indem er im Golfkrieg eine proamerikanische Haltung einnahm, die nach *islamistischer* Ansicht antiislamisch wirkte.

1953 alle Parteien zugunsten der Einheitspartei aufgelöst. Seit der Wiedereinführung des Mehrparteiensystems regierte unter SADAT und regiert unter MUBARAK die nationaldemokratische Partei. Die Muslimbrüder sind zwar nicht legalisiert, waren jedoch 1984 und 1987 über Wahlbündnisse mit erlaubten Parteien auch im Parlament vertreten. Politisch einflußreich sind die Berufsverbände z.B. der Ärzte oder Anwälte, die seit den 80er Jahren von *Islamisten* dominiert werden. Ihren Einfluss soll ein 1993 erlassenes Gesetz über Wahlen in Berufsverbänden einschränken. Im Einklang mit der Regierung stehen die Gewerkschaften der 1957 gegründeten Egyptian Trade Union Federation (vgl. ÄGYPTEN 1994).

### 3.3 Wirtschaftliche Entwicklung

Wichtig für die wirtschaftliche Entwicklung sind die Ressourcen eines Landes. Ägypten besitzt die Bodenschätze Eisenerz, Phosphat, Mangan, Steinkohle, Uranerz und Erdöl. Als sekundäre Ressourcen gelten die günstige Verkehrslage zwischen drei Kontinenten, historische Monumente, das trocken-sonnige Klima und die Küsten von Rotem Meer und dem Mittelmeer, die den Tourismus fördern. Ägypten ist verkehrstechnisch gut erschlossen (vgl. BÜTTNER/BÜTTNER 1993).

Seit der Revolution und Abschaffung der Monarchie 1952 gab es in Ägypten innerhalb eines halben Jahrhunderts drei Hauptphasen unterschiedlicher sozioökonomischer Entwicklung, von denen jede eng mit dem jeweiligen Staatspräsidenten verknüpft ist, obwohl die Rahmenbedingungen durch internationale Gegebenheiten bestimmt wurden (vgl. IBRAHIM 1996).

Der Nasserismus beinhaltete einen staatlich gelenkten Wirtschaftssektor (1952-1910).

NASSERs Entwicklungsstrategie war nach innen gerichtet und verteilungsorientiert. Seine Hauptziele waren die Überwindung der Armut und die Förderung der ländlichen Entwicklung durch Einführung von Mindestlöhnen, Beschäftigungsgarantien u. a. (vgl. BÜTTNER/BÜTTNER 1993). Er führte einen am Ostblock orientierten Sozialismus (Arabischer Sozialismus) ein und entwickelte einen öffentlichen, staatlich gelenkten Wirtschaftssektor. Dieser Wirtschaftssektor schwächte den privaten Sektor und war wegen Korruption unrentabel. Bei NASSERs Bodenreform kam es zu Problemen bei der Landverteilung durch staatliches Dismanagement.

Weitere wichtige Ereignisse unter NASSER waren der Bau des Assuanstaudammes, seine Verstaatlichung 1956 und zwei Niederlagen durch Israel in den Kriegen von 1956 und 1967, die die Wirtschaft und das Ansehen schwächten. Haupthandelspartner waren sozialistische Länder. Als wirtschaftliche Hauptverdienste NASSERs können die Aufwertung und Stärkung der Stellung der Fellachen und Arbeiter durch Sozialgesetze und die Industrialisierungspolitik angesehen werden. Dadurch, daß der Absatz einheimischer Produkte durch Schutz vor importierten Gütern garantiert wurde, war die Industrialisierung am Volk orientiert (vgl. IBRAHIM 1996). SADAT vollzog eine Abkehr von NASSERs Sozialismus durch die Förderung des privatwirtschaftlichen Sektors und eine Öffnung zum Westen (Öffnungspolitik: 1971-1981). Er förderte die Investition von ausländischem und einheimischem Kapital in Ägypten. Allerdings erfolgten nur wenige Auslandsinvestitionen, wegen bürokratischer Hemmnisse, Infrastrukturmängel und des fehlenden Vertrauens der Investoren in die ägyptische politische Stabilität. Trotzdem wurde mittelfristig der Markt mit ausländischen Produkten überschüttet, so dass sich die sozialen Disparitäten verschärften und es zu Aufständen der Armen kam. Mit seiner Islampolitik ließ er die Rückkehr der unter NASSER verfolgten Muslimbrüder und das Entstehen von radikaleren *islamistischen* Gruppen zu. Dies wirkte sich auf die Wirtschaft insofern aus, als Islamische Banken und Investitionsgesellschaften entstanden, die ein Kapital von 8-12 Mrd. US$ verwalteten, was dem Jahresbudget des ägyptischen Staates entsprach. SADAT vernachlässigte die Wirtschaftsplanung, besonders die Industrie, verwandte dagegen viel Geld auf die Errichtung von neuen Städten und Wohnungen, was jedoch nur den ohnehin Wohlhabenden nützte, da keine Sozialwohnungen wie zu NASSERs Zeit gebaut wurden (vgl. IBRAHIM 1996). MUBARAK führte SADATs Liberalisierungs- und Privatisierungspolitik (seit 1981) weiter. Er erntete die Früchte, erbte aber auch die Probleme seiner Vorgänger. In der Außen- und Innenpolitik veränderte er kaum etwas. Doch strebte er einen Ausbau der Handelsbeziehungen zu ehemaligen sozialistischen Ländern und der Golfregion an. Den *Islamisten* gegenüber verhielt er sich erst abwartend, dann repressiv. In den Islamischen Banken sah er eine potentielle Gefahr für die ägyptische Wirtschaft und ließ einige - seiner Meinung nach betrügerische - Unternehmen schließen (vgl. IBRAHIM 1996). Er versuchte, die unterschiedlichen Elemente von NASSERs und SADATs wirtschaftspolitischen Bestrebungen miteinander in Einklang zu bringen und die Balance zwischen den sie tragenden Gruppen zu halten. Sein Konzept, die *Produktive Öffnungspolitik (infita intaji)*[47], beruhte auf einer Förderung der Exporte, Verringerung der Importe, Liberalisierung und auf einem reformierten, aber einflußreichen öffentlichen Sektor mit dem Ziel der Verringerung des Außenhandelsdefizits, was jedoch bisher kaum erreicht wurde. Besonders in den 80er Jahren wurde ein wachsendes soziales Konfliktpotential sichtbar, das die Durchführung von Reformprogrammen verhinderte (vgl. BÜTTNER/ BÜTTNER 1993). Durch bisher drei Fünf-Jahrespläne bemühte der Präsident sich um eine Wirtschaftsreform. Seit 1991 sollte ein mit dem IWF (Internationaler Währungsfonds) vereinbartes Strukturanpassungsprogramm für eine Liberalisierung und Privatisierung der Wirtschaft, Abschaffung der Importzölle, Einstellung der meisten Subventionen (ausgenommen z.B. Brot) und die Beendigung der staatlichen Kontrolle über Weizen-, Reis- und Baumwollpreise sorgen (vgl. IBRAHIM 1996). Dennoch ist das Pro-Kopf-. Einkommen seit 1987 rückläufig (vgl. BÜTTNER/BÜTTNER 1993).

Die Jahre 1990 und 1991 brachten eine Wirtschaftskrise und Strukturreform. Devisenquellen wie Tourismus, Suezkanalgebühren und Geldüberweisungen der Ägypter, die in anderen Ländern als Gastarbeiter tätig sind, können das Handelsbilanzdefizit ausgleichen, sind aber abhängig von der innenpolitischen Stabilität und der politischen Entwicklung in der Golfregion. Durch den Golfkrieg und die damit verbundenen Rückwanderungen der Gastarbeiter (aus der Golfregion) und Verlusten bei den Suezkanalgebühren kam es 1990 zu einer offenen Wirtschaftskrise (vgl. BÜTTNER/BÜTTNER 1993). 1990 belief sich die Auslandverschuldung auf 46 Mrd. US$ in Form mittel- und langfristiger Schulden. Damit hatte der Umfang der Verschuldung seit 1982 um 60% zugenommen. Der IWF gewährte Ägypten 1991 eine Schuldenreduzierung um 50%, unter der Bedingung der Strukturreform (LÄNDERBERICHT ÄGYPTEN 1993, S. 118). Seit 1992 zählt die Weltbank Ägypten zu den Niedrigeinkommensländern (vgl. BÜTTNER/BÜTTNER 1993).

---

47    Zwar schreiben die Autoren *intaji infitah,* doch halte ich aufgrund meiner Arabischkenntnisse *infitah intaji* für korrekt.

## 3.4 Religion

Staatsreligion ist der sunnitische Islam, die *shari'a* war in der Verfassung unter NASSER eine Quelle der Gesetzgebung.

"Islam is the religion of the state and Arabic its official language. Islamic jurisprudence is the principal source of legislation."
(The 1980 CONSTITUTION OF THE ARAB REPUBLIC OF EGYPT, Art. 2)

SADAT änderte dies in der Verfassung von 1980 um in die Hauptquelle der Legislative. Dadurch, daß die *shari'a* aber nicht ausdrücklich als die einzige Quelle der Gesetzgebung bezeichnet wird, ist nur ein formaler Bezug zur Religion hergestellt. Folge ist eine Alibifunktion der *shari'a* in der Verfassung (vgl. TWORUSCHKA 1976). Faktisch gesehen wird nur das Familienrecht im Sinne der *shari'a* gehandhabt (vgl. WILBER 1969). Es besteht das Dilemma, dass die Kodifizierung von positivem Recht im Staat immer eine Konkurrenz zu islamischen Gesetzen darstellt, da dies mit dem Islamverständnis nicht nur der *Islamisten* nicht vereinbar ist. Dadurch gewinnt die Forderung der *Islamisten* nach Wiedereinführung der *shari'a* als einzige Quelle der Legislative an Boden.

Die freie Ausübung von Christen- und Judentum ist bislang garantiert. Nach offiziellen Angaben sind 94% der Bevölkerung Muslime, ca. 6% Christen (Kopten) und nur ca. 300 Personen Juden (ÄGYPTEN 1994, S. 2). Die Kopten selbst allerdings geben ihre Zahl höher an (mit rund 20%: Stand von 1976) (AWAD 1986, S. 28). Zwischen 639 und 642 n. C. wurde die bis dahin christliche ägyptische Mehrheit von den Arabern islamisiert (ebenda, S. 28). Religiöse Minderheiten neben den Juden und den Kopten, die sich selbst als direkte Nachfahren der Ägypter der Pharaonenzeit bezeichnen, sind die katholischen und protestantischen Christen. Ägypten ist außerdem Heimat von zahlreichen Sufiorden, von denen einige schon im 13. Jahrhundert entstanden. Bis in die jüngste Zeit gehören die meisten muslimischen männlichen Ägypter einem oder mehreren davon an (vgl. WILBER 1969).

Die aktuelle religiöse Diskussion in Ägypten befasst sich mit der Säkularismusfrage im Islam.

Nach WILBER (1969, S. 700) sind in der traditionellen muslimischen Welt Wirtschaft, Gesetz, Sozialpolitik und Religion untrennbar. Die Antwort auf alle Fragen könne in *qur'an* oder *sunna* gefunden werden. Dies zu verneinen hieße, den Islam in seiner Totalität zu verneinen, und darin liege das Hauptproblem, dem sich Ägypten heute gegenüber sehe. 1987 veröffentlichte MUHAMMAD SA'ID AL - ASHMAWI das Buch „Political Islam" und schreibt darin, der Islam sei von Anfang an eine apolitische Religion gewesen und der Politische Islam eine Verdrehung der ursprünglichen Religion (vgl. FLORES 1993). Doch in Ägyptens Geschichte waren Religion und Politik immer stark verknüpft. Schon die Pharaonen waren zugleich Halbgötter und Herrscher. Im Islam vermittelten die *ulama'* (religiöse Gelehrte) zwischen Bevölkerung und fremden Herrschern. Erst unter MUHAMMAD ALI begann sich die Verbindung von Religion und Politik zu lösen (vgl. EL-SAYED 1990).

Diese unterschiedlichen Fakten und Auffassungen spiegeln die Hauptfragen des religiösen Diskurses im heutigen Ägypten wider: Lassen sich Islam und Modernität miteinander vereinbaren? Ist Säkularismus im Islam erlaubt oder sogar notwendig?

Die Integralisten wollen alle Aspekte des menschlichen Lebens von Gottes Willen, d.h. der *shari'a*, geregelt sehen. Ihnen gehören die meisten ägyptischen Muslime an. Den harten Kern der Integralisten bilden die Vertreter des Politischen Islam (*Islamisten*). Die Gegenposition vertreten die Säkularisten, welche die Trennung von Politik und Religion und die Autonomie des menschlichen Handelns von religiöser Hegemonie befürworten (vgl. FLORES 1993).

Den historischen Anfang dieses religiösen Diskurses machte die reformistische Bewegung der *salafiyya* in der zweiten Hälfte des 19. Jahrhunderts unter AFGHANI und ABDUH[48]. Die Bewegung berief sich auf die frommen Vorfahren (*as-salaf as-salih*) (vgl. THE ENCYCLOPAEDIA OF ISLAM 1995). Die These war, der Islam sei eine rationale Religion und Grundlage für die Bildung von fortschrittlichen Gesellschaften mit modernem technischen Wissen und neuen Formen sozialpolitischer Organisation. Demnach liege die sozialökonomische Rückständigkeit der Muslime nicht am Islam, sondern an der Erstarrung der religiösen Institutionen. In der *salafiyya-*

---

48    Nach HANAFI (1982, S. 56) waren ideologische Strömungen in Ägypten stets mehr oder weniger mit dem Islam verknüpft; die Religion sei Wissenschaft, Kunst, Literatur und somit der Ursprung der Kultur in diesem Land.

Bewegung wurde die *shari'a* als interpretierbar und nicht als unveränderlich angesehen (vgl. SCHÖLCH 1987). Neben AFGHANI und ABDUH muss an dieser Stelle MUHAMMAD RASHID RIDA erwähnt werden. Während AFGHANI und ABDUH einen Kurs zwischen fundamentalistischer Rückbesinnung und imitativer Verwestlichung ansteuerten, vertrat RIDA einen islamischen Fundamentalismus, d.h. eine andere Art der Erneuerung (vgl. STEINBACH 1984). Alle drei lebten in einem Ägypten, das von westlicher wirtschaftlicher, politischer und kultureller Kolonisierung durchdrungen war, und riefen die islamischen Länder zu Einigkeit und Befreiung von der Kolonialherrschaft unter dem Prinzip des Islam auf (Panislamismus). Allerdings waren AFGHANI ABDUH und RIDA unfähig, eine politische Bewegung ins Leben zu rufen. AFGHANI und ABDUH wurden von einigen ihrer Zeitgenossen. beschuldigt, den Islam den Bedürfnissen der verwestlichten Gesellschaft angepaßt zu haben. So befürwortete ABDUH Erziehungsreformen, um westliche wissenschaftliche Erkenntnisse in den Lehrplan der *al-azhar*[49] aufzunehmen (vgl. ABDELNASSER o.J.) und sorgte für Neuinterpretationen des Gesetzes. Im 20. Jahrhundert ersetzte westliches säkulares Recht das religiöse Recht bis auf einige Bereiche des Familienrechts (vgl. WILBER 1969).

Folgen dieser Säkularisierung waren u. a. wachsende *Re-Islamisierung* und zunehmender *Islamismus*. Als Vorläufer gelten die Islamisierungsbestrebungen AFGHANIs bzw. die WAHHABIYYA, die saudiarabische Erneuerungsbewegung (vgl. STEINBACH 1984). Die Strömung *re-islamischer* Tendenzen erfolgte in zwei Wellen: die erste in den 30er bis 50er Jahren, die zweite in den 70er und 80er Jahren (vgl. KHALID 1983)[50]. Als Bestandteil eines Dritte-Welt-Nativismus lag beiden Bewegungen eine Gesellschaftskrise zugrunde, die insbesondere politische, kulturelle, wirtschaftliche und soziale Dimensionen hatte. Mit dem Aufkommen eines Nationalismus und der Bewußtwerdung eines Identitätsverlustes wuchs die Ablehnung der Verwestlichung. Wirtschaftskrise und soziale Probleme ließen die Anhängerschaft von *Re-Islamisierung* und *Islamismus* wachsen. Beim Islamismus kann unterschieden werden zwischen

---

49    Nach HANAFI (1982, S. 56) waren ideologische Strömungen in Ägypten stets mehr oder weniger mit dem Islam verknüpft; die Religion sei Wissenschaft, Kunst, Literatur und somit der Ursprung der Kultur in diesem Land.

50    Der Islamismus erfährt seit den 70er und besonders 90er Jahren starke Ausbreitung.

aktiven und passiven Anhängern[51]. Während die Mittelschicht die Führer der Bewegung stellt, kommen mehr und mehr passive Anhänger aus den unteren Schichten dazu. Sowohl aktive als auch passive Unterstützung finden die *Islamisten* in der Stadt, kaum auf dem Land (vgl. KHALID 1983), denn insbesondere in der Stadt bestand ein Zwiespalt zwischen dem Willen zur Rückbesinnung auf die eigene Tradition und den Islam und der fortbestehenden Verhaftung mit westlicher Kultur und Zivilisation (vgl. IBRAHIM 1996). Die Mehrheit der *Islamisten* ist ruralen Ursprungs, die in urbane Zentren gezogen war (vgl. TIBI 1985). Das Aufkommen des *Islamismus*, der nur von einer Minderheit der Muslime vertreten wird (vgl. KHALID 1983), zeigt sich beispielsweise in der Gründung der Muslimbrüder[52] 1928 durch HASAN AL-BANNA' (vgl. WILBER 1969) und in den Terroranschlägen, dem Mord an SADAT und den Attentatsversuchen auf MUBARAK von islamistischen Gruppen. Neben den Muslimbrüdern bilden die *jama'at al-islamiyya* (dazu gehören z.b. die *jihad*-Organisation und *at-takfir wa-l-hijra*), die *jama'at as-salafiyyin*, die *jama'at at-tabligh* und *an-nujun min an-nar* das Spektrum der politisch motivierten islamistischen Bewegung. Andere Gruppen, wie z.B. die *Young Muslims Society*, sind eher kulturell aktiv. Hauptforderung der *islamistischen* Gruppen ist die Wiedereinführung der *shari'a* (vgl. EL-SAYED 1990). Die Reaktionen der Regierung bestanden bislang darin, die *Islamisten* anfangs durch Tolerierung zu beschwichtigen zu versuchen, dann repressiv gegen sie vorzugehen, sich gegen die Einführung der *shari'a* auszusprechen und sich selbst islamischer darzustellen (vgl. FLORES 1993). Eine andere Forderung der Islamisten besteht in der Entwicklung einer neuen, autozentrierten Entwicklungskonzeption, wobei die Entwicklungszusammenarbeit nicht grundsätzlich abgelehnt wird (vgl. KHALID) 1983). Einen besonderen Platz in der *islamistischen* Argumentation nimmt die Frauenfrage ein. Die vornehmste Aufgabe der Frau seien Familie und Haushalt, Verschleierung und Segregation seien dazu notwendig (vgl. HÖHLING 1993)[53].

---

51    KHALID (1983, S. 56-81) differenziert an dieser Stelle nicht zwischen *ReIslamisierung* und *Islamismus*. Daher blieb diese Unterscheidung meiner Interpretation überlassen, um die Ausführungen des Autors meiner Begriffsklärung anzupassen.

52    Sie knüpften an RIDAs islamischen Fundamentalismus an (vgl. STEINBACH 1984).

53    Auf diesen Gebieten, in denen sensationelle Ergebnisse zu erzielen oder klare Richtlinien aus der Tradition zu gewinnen sind, ist der *Islamismus*

Parallel zu dieser politischen Auseinandersetzung zwischen Staat und Islamisten findet ein intellektueller Diskurs statt. Gegenstand ist die Interpretation des Textes (*qur'an* und *hadith*), vor allem die Frage nach der Berücksichtigung der historischen Dimension der religiösen Überlieferung und der Rückführung aller Phänomene des heutigen Lebens auf eine Primärursache (z.B. die Entfernung vom so genannten Wege Gottes) (vgl. ABU ZAID 1996). Nach WIELANDT (1971, S. 1-19) besteht das Problem der *Islamisten* in derem Beharren auf einer Utopie statt einer Realitätsanalyse[54]. ABU ZAID (1996, S. 81-99) schreibt von einer einseitigen Interpretation des Textes, die eine Pluralität der Sichtweisen unterbinden will und keine historische Aufarbeitung der religiösen Überlieferung zulässt. In seinem Aufsehen erregenden Buch "Islam und Politik. Kritik des religiösen Diskurses"[55] vertritt ABU ZAID (1996, S. 208) die Meinung, der Staat widersetze sich nur dem politischen Verhalten, nicht aber der Programmatik der *islamistischen* Gruppierungen, und die Mechanismen des religiösen Diskurses beider Seiten seien identisch. Dadurch könne keine gedankliche Auseinandersetzung mit den *islamistischen* Inhalten stattfinden und kein neues Islamverständnis entwickelt werden. Auch in der SÜDDEUTSCHEN ZEITUNG wird Ägypten als ein Regime bezeichnet,

"(...) das sich Extremisten gegenüber militärisch stark gibt, im täglichen Umgang aber die ideologische Auseinandersetzung scheut (...)".
(SÜDDEUTSCHE ZEITUNG vom 07.01.1997)

## 3.5 Bevölkerung und Gesellschaft

Ägyptens Bevölkerungsentwicklung und -struktur ist typisch für Entwicklungsländer. 1995 hatte Ägypten ca. 62 Mio. Einwohner, die

---

besonders fassbar. Die eigentliche Problematik, die Realität einer westlich geprägten Gesellschaft mit dem Gehalt des Islam zu verbinden, wurde bisher kaum berücksichtigt (vgl. STEINBACH 1984).

54   Dies wird nach mündlicher Auskunft von Herrn Prof. Dr. KROPP aus Mainz in der Literatur als "rückwärtsgerichtete Utopie" bezeichnet.

55   Nach Erscheinen dieses Werkes in Ägypten 1992 wurde der Autor von einem Familiengericht in Kairo der Apostasie beschuldigt und von seiner Frau zwangsgeschieden.

Wachstumsrate lag 1990-95 bei 2,2% (IBRAHIM 1996, S. 200)[56]. Nach Vorrausschätzungen der UN wird Ägyptens Bevölkerung bis zum Jahr 2000 auf 62,5 Mio. (niedrige Variante), 64,2 Mio. (mittlere Variante) bzw. 65,6 Mio. (hohe Variante) Menschen anwachsen. Demnach wächst die Bevölkerung jährlich um mehr als eine Million. Die Familienplanungsversuche der Regierung waren bisher wenig erfolgreich[57]. Die Lebenserwartung lag 1990 bei Männern bei 58, bei Frauen bei 60 Jahren[58]. In der Altersstruktur kann man einen hohen Anteil an Kindern und Jugendlichen feststellen. 1990 waren knapp 40% jünger als 15 Jahre, 57% 15-64 Jahre und nur ca. 4% älter (LÄNDERBERICHT ÄGYPTEN 1993, S. 29). Die Geburtenrate betrug 1990/95 29, 1, die Sterberate 7 pro 1000 Einwohner (IBRAHIM 1996, S. 200). Die Bevölkerungsdichte wurde 1992 auf 1500, in den Städten auf 140.000 Einwohner je qkm geschätzt (ÄGYPTEN 1994, S. 1)[59] Der Bevölkerungsanteil in den Städten stieg von 41,2% (1966) auf 46,7% (1990) wegen der durch den Bevölkerungsdruck ausgelösten Landflucht (LÄNDERBERICHT ÄGYPTEN 1993, S. 29).

Der Gegensatz von Stadt und Land wirkt sich auf die soziale Ordnung aus. Diese ist geprägt von der Kluft zwischen einer kleinen Elite von Intellektuellen, Regierungsbeamten, Militärs, großen Landbesitzern und westlichen Geschäftsleuten, die hauptsächlich in der Stadt leben, und der armen Masse der städtischen Arbeiter und vor allem der Bauern, die zum größten Teil auf dem Land leben. Die industrielle Entwicklung und die Verwestlichung verstärkten den Stadt-Land-Kontrast noch, da die Städte immer westlicher wurden[60], die Landbevölkerung auf der Tradition beharrt. Die Basis der isla-

---

56  Vergleiche dazu die Bevölkerungszahl von 66 Mio. (2002) mit einer jährl. Wachstumsrate von 2,02% (Central Agency for Mobilization and Statistics, Internet)

57  Dies hängt z.T. mit der hohen Scheidungsrate in Ägypten zusammen. Denn eine hohe Kinderzahl bietet Frauen einen gewissen Schutz vor Scheidung.

58  Im Vergleich werden in Deutschland die Männer im Schnitt 74, die Frauen 79 Jahre alt (vgl. THE STATESMAN'S YEARBOOK 1996-97, S. 538).

59  Vergleiche dazu in Deutschland den hohen Bevölkerungsanteil an älteren Menschen, eine Sterberate von 11,1% und Geburtenrate von 9,3% (Stand von 1993) und eine durchschnittliche Bevölkerungdichte von 228 Einwohnern pro qkm (vgl. THE STATESMAN'S YEARBOOK 1996-97, S. 538).

60  Heute wird dieser städtische Trend zur Verwestlichung eingeschränkt durch die zunehmende *Re-Islamisierung*

mischen Gesellschaft sowohl auf dem Land als auch in der Stadt ist die Familie. Doch die Verwestlichung bewirkte, daß der Staat Sozialfürsorgefunktionen übernahm, die traditionell die Familie ausübte, und ökonomische Gegebenheiten, die früher relativ subsistente Situation der Familie änderten (vgl. WILBER 1969).

Die soziale Ordnung auf dem Land und in der Stadt weist einige Unterschiede auf. Die dörfliche Gesellschaft ist geprägt von Großfamilien mit einem gewählten Ältesten als Oberhaupt. Streitigkeiten werden im Dorfrat geschlichtet. Die städtische Gesellschaft dagegen wird von Schichten beherrscht. Die Oberschicht bilden hauptsächlich große Landbesitzer (die nicht unter NASSER enteignet wurden) und reiche Geschäftsleute, die Mittelschicht Industrielle und Intellektuelle und die Unterschicht ungelernte Arbeiter und Bettler. Die gesellschaftlichen Minderheiten (Kopten, Beduinen, Nubier)[61] sind in allen Schichten vertreten. Zwar verbietet der Islam soziale Mobilität nicht, da im Islam das Prinzip der Gleichheit gilt, doch ist ein sozialer Aufstieg besonders für die Unterschicht z.B. wegen mangelnder Erziehung in der Praxis fast unmöglich. Das Zusammenleben auf dem Land wird gelenkt von Islamergebenheit und Familiensolidarität. Dort, doch auch in der Stadt, bestimmen Respekt gegenüber den Älteren, Gehorsam gegenüber Autoritäten und die Geschlechterrollen des unabhängigen, aktiven Mannes und der abhängigen und sanften Frau in ihrer Bestimmung zur Mutter das Leben (vgl. WILBER 1969).

Diese traditionellen Lebensmuster werden heute beeinflußt von der Identitätssuche der ägyptischen Bevölkerung, die sich im Zwiespalt zwischen Altem (Tradition, Islam) und Neuem (Verwestlichung, Materialismus) befindet (vgl. WILBER 1969). In ihrem Selbstbild unterscheiden die Ägypter selbst zwischen der Identität als Städter bzw. Provinzler oder als Ober- bzw. Unterägypter (vgl. IBRAHIM 1996). Verschiedene Meinungen bestehen darüber, ob Ägyptens Bevölkerungsmehrheit sich als Araber fühlt oder die Identitätssuche auch die Rückbesinnung auf pharaonische Wurzeln beinhaltet[62].

Diese Identitätssuche nimmt bei den Frauen eine besondere Ausprägung an. Der Großteil der Frauen sind Fellachinnen (Bäuerinnen) oder vom Land in die Stadt Zugewanderte. Sie werden im Fernse-

---

61  Bei der in der Literatur meist vorgenommenen Einstufung der Kopten als Minderheit sollte nicht außer acht gelassen werden, daß sie die Nachfahren der Pharaonen, der eigentlichen Ägypter, sind.

62  Kap. 2 . 2 .

hen mit einem Frauenbild konfrontiert, das mit ihrer Realität wenig Ähnlichkeit hat. Die gebildeten Städterinnen unterliegen gleichzeitig westlichem Einfluss und Ideen der *Re-Islamisierung* oder sogar des *Islamismus*, die sie oft aus der Öffentlichkeit zurückdrängen wollen. Anfang des 20. Jahrhunderts entstand unter westlichem Einfluß eine Frauenbewegung gebildeter Frauen der Ober- und oberen Mittelschicht. 1923 wurde die Feminist Union, eine ägyptische Sektion der Internationalen Feministischen Union, gegründet. Die Gründerin, HUDA ASH-SHA'RAWI, legte demonstrativ den Schleier, den Städterinnen trugen[63], als Symbol der Unterdrückung ab.[64] Durch die forcierte Einbeziehung der Frauen in die Industrie unter NASSER erreichte diese häufig ökonomische Unabhängigkeit. Doch das Bild der westlichen emanzipierten Frau wird sowohl von der Gesellschaft als auch von vielen Frauen selbst abgelehnt. Die Familie gilt ihnen als vornehmliche Aufgabe der Frau. Heute ist eine regressive Entwicklung der Rolle der ägyptischen Frau festzustellen aufgrund der wachsenden *Re-Islamisierung*. Dabei ist die Landestradition wohl von großer Bedeutung, da sich die Situation von muslimischen und koptischen Frauen kaum unterscheidet (vgl. IBRAHIM 1996).

Eine wichtige Rolle spielt die Frau bei der Sozialreform. Seit dem 19. Jahrhundert bestand eine Vielzahl von Sozialorganisationen, die vollständig von Frauen geführt wurden - hauptsächlich *waqf*-Stiftungen. Sie hatten eine breite Palette an sozialen Projekten (Bau von Moscheen, Krankenhäusern, Familienplanungszentren usw.). Vor allem im Zweiten Weltkrieg zeigten sich die Frauen des Roten Halbmonds unentbehrlich im sozialen Feld (vgl. HUSSEIN 1953).

Die soziale und gesamte Entwicklung und Bevölkerungspolitik basiert auf der Frau, wie bei der Konferenz für Bevölkerung und Entwicklung 1994 in Kairo betont wurde (vgl. BUNDES1NSTITUT FÜR BEVÖLKERUNGSFORSCHUNG 1994).

Doch vor allem in der Bildung sind die Frauen den Männern gegenüber benachteiligt. Bis ins 19. Jahrhundert war Bildung die Aufgabe

---

63   Trotz der Unterdrückung durch dörfliche patriarchale Strukturen galt die Fellachenfrau immer als relativ selbstbestimmt, da sie mit den Männern zusammen auf dem Feld arbeitete, d.h. nicht von Segregation betroffen war.

64   Auch NAWAL AS-SADAWI, die frühere Erziehungsministerin, beschäftigte sich mit der Situation der Frauen - vor allem ihren sozialen Problemen-.

religiöser Institutionen (Koranschulen). MUHAMMAD ALI führte ein modernes Schulwesen nach europäischem Vorbild ein, dessen Ausbau im 20. Jahrhundert weiter vorangetrieben wurde. Problematisch ist dennoch die hohe Analphabetenrate (1990: Männer 37,1%, Frauen 66,2%) (IBRAHIM 1996, S. 1260). Zwar besteht allgemeine Schulpflicht, doch wird sie oft nicht eingehalten, da die Eltern sich Schulkleidung und Lernmaterial aus finanzieller Not nicht leisten können und die Arbeitskraft der Kinder benötigen. Nach einer Studie von UNICEF und des Nationalen Zentrums für Sozial- und Kriminalitätsforschung von 1992 werden 20% der Kinder nicht eingeschult, 30% verlassen die Schule während der ersten Schuljahre. Der Anteil der männlichen Schüler und Studenten überwiegt und nimmt mit jeder Bildungsstufe zu. Dies hat keine religiösen, sondern gesellschaftliche und wirtschaftliche Gründe. Die Eltern wollen das Ausbildungsgeld sparen, da Mädchen später heiraten und den Haushalt führen. Doch der Anteil der Schülerinnen und Studentinnen nimmt langsam zu. 1980 waren in der Grundschule 40,2%, in der Mittel- und Höheren Schule 35% und in der Universität 34,1% Mädchen. 1990 waren es je 44,6%, 39,7% und 34,9% Mädchen (LÄNDERBERICHT ÄGYPTEN 1993, S. 43f).

## 3.6 Soziale Probleme

In den 90er Jahren nahm die Armut stark zu.

> "Unsicherheit der materiellen Existenz unzähliger Menschen ist das vorherrschende Problem und das charakteristische Merkmal der so genannten Entwicklungsländer."
> (ARTICUS 1990, S. 6)

Überwindung von Massenarmut, Befriedigung der Grundbedürfnisse, soziale Solidarität, Recht auf Arbeit zählten zu den sozialen Zielen des nasserschen Entwicklungsmodells. Von der Erfüllung dieser Ziele ist die Realität noch weit entfernt (vgl. BÜTTNER/BÜTTNER 1993). Dennoch stellt NOUR in den letzten vier Jahrzehnten eine Verbesserung des sozialen Entwicklungsniveaus in Ägypten fest. 1960 bis 1990/91 stieg die Lebenserwartung bei Geburt von 40 auf 64 Jahre, die Säuglingssterblichkeit ging von 179 auf 5,9 pro 1000 zurück. Der tägliche Kalorienverbrauch stieg von 2690 auf 3310 pro Kopf. Nach UNDP (United Nations Development Program) -Angaben hat Ägypten die höchste durchschnittliche Kalorienversorgung aller Entwicklungsländer (NOUR

45

1995, S. 7-15)[65]. Dennoch ist die Armutsfrage noch nicht gelöst. Die Zahl der Armen nimmt vor allem seit Anfang der neunziger Jahre zu. Schon Mitte der achtziger Jahre war nach Weltbankangaben ein Viertel der ägyptischen Bevölkerung absolut arm, und die sozialen Kosten der 1990/91 eingeleiteten Strukturanpassungspolitik verschlimmerten die Armut noch. Die Weltbank schätzte 1995 den Anteil der Armen mit einem Monatseinkommen von unter 25 US$ an der Gesamtbevölkerung auf 25% bis 30%. Weitere 50% der Bevölkerung verfügten nur über ein Einkommen unter 50 US$. Besonders betroffen sind Frauen, Kinder, Kranke und Behinderte. Dabei zeigt die regionale Verteilung der Armut eine Konzentration in Mittel- und Oberägypten (NOUR 1995, S. 7-15). Auf dem Land liegt die Armutsgrenze bei 1/3, in der Stadt bei 2/3 des Pro-Kopf-Einkommens der Region (AL-LAITHY/AD-DIN 1993, S. 135). Die Weltbank unterscheidet ländliche (Landlose, Kleinbauern und Landarbeiter) und städtische Arme (hauptsächlich Angehörige des informellen Sektors) (vgl. NOUR 1995). Die Lebenshaltungskosten stiegen zwischen 1983 und 1993 um 424% in ländlichen Gebieten und um 494% in Städten (IBRAHIM 1996, S. 5). Armut stellt sich qualitativ vor allem in Unter- bzw. Mangelernährung dar (trotz der hohen Durchschnittswerte der Kalorienversorgung). 1 986 waren 47% der Bevölkerung und über die Hälfte der Kinder unter- bzw. fehlernährt (NOUR 1995, S. 7-15).

Zu beachten ist der Zusammenhang zwischen Armut und Arbeitslosigkeit (vgl. FERGANY 1993). Wie die Zahl der Armen, so nahm auch die Zahl der Arbeitslosen in den letzten Jahren zu. Die Arbeitslosenrate stieg von 2,5% (1960) auf 20% (1992) und für 1995 geschätzte 21%[66]. Davon betroffen sind hauptsächlich junge Akademiker und insbesondere Frauen. 1986 waren 40,6% der Frauen und 10% der Männer arbeitslos (IBRAHIM 1996, S. 4). Für das Jahr 2000 wird eine Arbeitslosigkeit von 25% erwartet (LÄNDERBERICHT ÄGYPTEN 1993, S. 55). Daher wird die Arbeitslosigkeit häufig als Ägyptens Hauptproblem bezeichnet[67]. Zu der offenen Arbeitslosig-

---

65    Der Autor stuft nach UNDP-Angaben Singapur als Entwicklungsland mit einer noch niedrigeren Kalorienversorgung als Ägypten über diesem Land ein. Doch Singapur ist kein Entwicklungs- sondern ein Schwellenland ist. Scheinbar macht der Autor diesbezüglich keine Unterscheidung.

66    Daten für 1960 und 1992: IBRAHIM 1996, S. 4: für 1995 geschätzte Zahl: IBRAHIM 1996, S. 20.

67    Zu beachten ist, daß aus den zur Verfügung stehenden Befunden meist keine exakten Statistiken zu erstellen sind, da die Definition der wirt-

keit kommt die versteckte Arbeitslosigkeit hinzu, die sich vor allem im öffentlichen Sektor zeigt. Drei Dekaden lang garantierte der Staat Hochschulabsolventen Arbeitsstellen. Obwohl dies heute nicht mehr der Fall ist, besteht immer noch eine Überbesetzung der öffentlichen Ämter. Ungefähr ein Drittel aller Erwerbstätigen waren 1994 im öffentlichen Sektor beschäftigt. Dadurch ergaben sich folgende Probleme: Die Arbeitsleistung nahm aufgrund mangelnden Verantwortungsgefühls ab; wegen der enormen Gesamtausgaben des Staates waren die Gehälter sehr niedrig, wodurch Korruption und Diebstahl sich vermehrten; auch die Privatisierung wurde erschwert (vgl. IBRAHIM 1996). Durch das 1991 eingeleitete Strukturanpassungsprogramm, das die Wirtschaft liberalisieren soll, kam es zu Massenentlassungen (vgl. NOUR 1995).

Durch den Teufelskreis von Arbeitslosigkeit und Armut ergeben sich soziale Folgeerscheinungen wie schlechte Wohn- und Gesundheitsverhältnisse[68], Mangel an Trinkwasser und sanitären Anlagen, ein erschwerter Zugang zu Erziehung und Bildung (vgl. WORLDBANK 1991) (vor allem für Mädchen und Frauen)[69] und die Verschärfung der sozialen Disparitäten. Besonders seit der Öffnungspolitik SADATs verschlimmerte sich die Korruption, und es bildete sich eine reiche Schicht auf Kosten der weiter verarmenden Masse. Verschärft wird das Problem Arbeitslosigkeit/Armut noch durch den wachsenden Bevölkerungsdruck (vgl. IBRAHIM 1996).

## 3.7 Zusammenfassung

Die politische Geschichte Ägyptens ist geprägt von permanent wechselnder Fremdherrschaft, religiösen Konflikten und Verwestlichung. Während unter NASSER der arabische Sozialismus Staatsideologie war, vertraten SADAT und MUBARAK eine Politik der Liberalisierung. In der Wirtschaft spiegeln sich diese politischen Phasen in einem staatlich gelenkten Wirtschaftssektor (NASSER-Ära) bzw. einer Liberalisierungs- und Privatisierungsepoche (unter SADAT und MUBARAK) wider. Strukturanpassungspolitik und politische Ereignisse wie der Golfkrieg führten zur offenen Wirt-

---

schaftlich aktiven Bevölkerung in verschiedenen Ländern verschieden sein und sich selbst im gleichen Land im Verlauf weniger Jahre ändern kann (vgl. ARTICUS 1990).

68   5. Kap. 3.3.
69   5. Kap. 3.5.

schaftskrise in den 90er Jahren. Folge waren anwachsende Armut, Arbeitslosigkeit und deren Folgeerscheinungen wie schlechte Wohn- und Gesundheitsverhältnisse, die durch die wachsende Bevölkerung und begrenzte Kultur- und Siedlungsfläche noch verstärkt wurden. Auch die sozialen Disparitäten wurden durch die Wirtschaftskrise noch verstärkt. Die ägyptische Bevölkerung, die von einem starken Stadt-Land-Gegensatz, einer Identitätssuche und problematischen Bildungssituation, besonders was Frauen betrifft, bestimmt wird, wendet sich in dieser Krise mehr und mehr der *Re-Islamisierung* bzw. dem *Islamismus* zu. Dadurch kommt es zum aktuellen religiösen Diskurs um Säkularismus bzw. zur *shari'a*-Debatte. Hintergrund bildet eine lange Tradition von Sozialreformern und deren Gegenbewegungen.

# 4  Strukturen staatlicher Sozialpolitik in Ägypten

Grundlage der ägyptischen Gesellschaft ist nach Art. 7 der Verfassung von 1971 (und ihrer Neufassung von 1980) die Soziale Solidarität (*tadamun ijtima'i*). In Artikel 1 bezeichnet sich Ägypten als sozialistischen Staat (arabischer Sozialismus) und beruft sich auf den *qur'an* (KORAN; übersetzt von Paret 1989), der in Sure 49,10 alle Gläubigen als Brüder bezeichnet. Die allgemeine Sozialbindung des Eigentums (Art. 32)[70] mündet in das Verbot der Ausbeutung (Art. 4).

Konkretisiert wird die soziale Idee in der Verfassung an mehreren Stellen: Der Staat verpflichtet sich, für Mutter und Kind zu sorgen (Art. 10) und unter Beachtung der *shari'a* die Stellung der Frau zu verbessern (Art. 11). Der Staat garantiert kulturelle, soziale und gesundheitliche Einrichtungen besonders auf dem Land (Art. 16) und betont die Schulpflicht, das Recht auf Erziehung (Art. 18) und den Ausbau des Versicherungswesens (Art. 17) (vgl. SCHAMP 1977 und THE 1980 CONSTITUTION OF THE ARAB REPUBLIC OF EGYPT).

> "The state shall guarantee cultural, social and health services, and work to ensure them for the villages in particular in an easy and regular manner in order to raise their standard."
> (THE 1980 CONSTITUTION OF THE ARAB REPUBLIC OF EGYPT, Art. 16)

> "The state shall guarantee social and health insurance services and all the citizens have the right to pensions in cases of incapacity, unemployment and old age, in accordance with the law."
> (THE 1980 CONSTITUTION OF THE ARAB REPUBLIC OF EGYPT, Art. 17)

## 4. 1 Historische Entwicklung

Vor der Revolution von 1952 gab es nur geringe Ansätze eines formellen Wohlfahrtssystems. Nach KASHEF (1987, S. 4f) können in der sozialpolitischen Entwicklung Ägyptens vier Phasen unterschieden werden.

---

70    Hierbei spielt die islamische Sichtweise eine Rolle, nach der Eigentum nur ein Nutzungsrecht bedeutet, von dem im Sinne der Gemeinschaft Gebrauch zu machen ist (vgl. SCHAMP 1977).

Bis zur Mitte des 19. Jahrhunderts bestanden Wohlfahrts-
institutionen vor staatlicher Fürsorge[71]. Eine spezielle Regierungsa-
gentur war mit der Einsammlung und Verwaltung der *zakat* beauf-
tragt. Dies lief einige Jahre gut, bis Missbrauch überhand nahm. Auf
Geheiß von religiösen Führern wurde von da ab die *zakat* individuell entrichtet. Ähnlich verlief es mit der *waqf*-Institution. Neben *zakat*
und *waqf* existierten im streng hierarchisch gegliederten Berufsstän-
desystem lange Zeit so genannte Hilfskassen. Die Bereitstellung von
Lebensmitteln für Arme, die Hilfe für Waisen usw. wurden durch
die *hisba*, die religiöse Stadtpolizei, überwacht. Doch dieses Hilfssy-
stem war nur begrenzt effektiv und wurde in der ersten Hälfte des
19. Jahrhunderts aufgegeben (vgl. FULDA 1969).

In der zweiten Hälfte des 19. Jahrhunderts nahm der europäische
Einfluss, insbesondere der französische Einfluss zu und prägte soziale Reformer wie TAHTAWI, AFGHANI oder ABDUH[72]. Besonders ABD-ALLAH AN-NADIM (1834-1896) gilt als geistiger Schöp-
fer karitativer Einrichtungen in Ägypten (vgl. AWAD 1986). Durch
die Einführung von französisch geprägten Gesetzen (z.B. des Code
des Tribunaux Mixtes d'Egypte 1875) wurde der zivilrechtliche
Schutz bei Arbeitsunfällen gesichert (vgl. FULDA 1969). 1877 wurde
die Islamische Gesellschaft für Fürsorge gegründet, die vor allem
bedürftige Kinder betreute. Die Koptische Gesellschaft für Fürsorge
folgte 1891. Diese beiden Gründungen markierten den Beginn der
sozialen Fürsorge. Die Gewerkschaftsbewegung entstand Anfang
des 20. Jahrhunderts (vgl. KASHEF 1987).

In der ersten Hälfte des 20. Jahrhunderts erfolgte eine Ausweitung
der öffentlichen Fürsorge durch die Errichtung von Kinderfürsorge-
zentren (1912), Jugendzentren (1936), der ersten Hochschule für Sozialarbeit in Kairo (1937) (vgl. AWAD 1986) und des Ministeriums
für Arbeit und Soziale Angelegenheiten (1939). Letzteres wird häufig als Dreh- und Angelpunkt der Entwicklung der Sozialfürsorge in
Ägypten angesehen. Weitergehende sozialen Errungenschaften
wurden nach GARRISON (1978, S. 279f) dadurch möglich, dass in
den 40er Jahren, besonders aber nach dem zweiten Weltkrieg politische und soziale Unruhen herrschten und wiederholt Forderungen
nach sozialen Reformen laut wurden. Doch obwohl zahlreiche Re-

---

71  An dieser Stelle gehe ich nicht extra auf die Bedeutung der Familie und
    ihre soziale Sicherungsfunktion ein, da hier die Entwicklung der öffentli-
    chen sozialen Institutionen thematisiert werden soll.

72  S.Kap.2.1.

formmaßnahmen diskutiert wurden, seien laut GARRISON (1978, S. 279f) nur wenige in dieser Phase in die Tat umgesetzt worden. Immerhin wurde 1950 das Public Assistance Law verabschiedet. Danach erhielten Bedürftige je nach dem Grad ihrer Armut Pensionen bzw. Sozialhilfe. Nach GARRISON (1978, S. 283) divergierten Gesetz und Praxis allerdings stark.

Von der Revolution im Jahr 1952 bis 1971 intervenierte der Staat verstärkt in der Sozialpolitik. Aber auch unter dem neuen Regime wich die Realität der *public assistance* von der Theorie ab. Obwohl die bereitgestellten Geldmittel 1964 im Vergleich zu den Vorjahren verdoppelt wurden, konnten sie den Bedarf nicht decken. So wie die *public assistance* die Antwort der Monarchie auf die Forderungen nach sozialen Reformen gewesen war, so setzte das neue Regime hauptsächlich auf die Einführung des Sozialversicherungssystems (1959) (vgl. GARRISON 1978), das 1964 erweitert wurde[73]. In dieser Phase ab 1952 begann die eigentliche Entwicklung der Sozialpolitik. Sie bildet die Basis für die spätere und heutige Sozialpolitik (vgl. KASHEF 1987).

### 4.1.1 Überblick über das System staatlicher sozialpolitischer Leistungen unter NASSER

Die sozialpolitischen Leistungen des ägyptischen Staates zeigten sich vor allem in zwei Bereichen:

- Mechanismen der Redistribution, die eine Umverteilung des Volkseinkommens und Besitzes bezwecken sollen;
- Mechanismen der Protektion, die Arbeits- und Lebensbedingungen schützen sollen (vgl. PAWELKA 1985).

Die Politik der Redistribution: bei seinem Machtantritt 1952 übernahm das Militärregime vom monarchischen System eine extrem hierarchische Einkommensverteilung, so dass ein großer Bedarf an einer Einkommenspolitik[74] bestand. Die obersten 20% der Bevölke-

---

73    Die Entwicklung der ägyptischen Sozialversicherung zog sich über einen langen Zeitraum hinweg. Sie begann bereits 1904 mit den ersten Arbeitsschutzgesetzen, die Unternehmern hygienische Auflagen machten (vgl. FULDA 1969).

74    Die Steuerpolitik gilt allgemein als Instrumentarium der Redistribution, kann jedoch in Ägypten nicht als solche angesehen werden, denn in Ägypten wurden die Mittelschichten bevorzugt und die hohen, aber auch unteren Einkommen hoher Besteuerung ausgesetzt.

rung nahmen ca. 60% des Volkseinkommens in Anspruch, die untersten 60% nur 18%[75]. Daher war die Revision dieser Einkommensverteilung von großer Bedeutung für die nassersche Regierung. 1962 wurden die Minimallöhne, die auf sehr bescheidenem Niveau seit 1945 fixiert waren, verdoppelt und erstmals auf den gesamten organisierten Wirtschaftssektor ausgeweitet. Durch Verstaatlichungen und die Einführung einer Einkommenshöchstgrenze im öffentlichen Sektor (1961) wurden extrem hohe Einkommen des Großbürgertums (Industrie, Finanz, Handel) beseitigt. Durch diese Maßnahmen nahm in den späten 60er und 70er Jahren der Anteil der hohen und besonders der mittleren Einkommen am Volkseinkommen zu, der Anteil der unteren Einkommen ab (vgl. PAWELKA 1985).

Von 1952 an, aber besonders ausgeprägt seit 1961, wurde im Zuge einer Preis- und Subventionspolitik ein komplexes Kontroll- und Steuerungsinstrumentarium für Verbraucherpreise eingeführt. Ziel war es, die Folgen von in den 60er Jahren zunehmendem Bevölkerungsdruck und Inflation aufzufangen. Im Mittelpunkt standen die Subventionen von Nahrungsmitteln wie Weizen, Zucker, Speiseöl. Der Staatshaushalt deckte die Diskrepanz zwischen hohen Einkaufspreisen und niedrigen Einzelhandelspreisen und lenkte exportable Güter auf den heimatlichen Markt um. Die Verstaatlichungen der wichtigsten Industrien erlaubten es dem Staat, die Preise größtenteils zu kontrollieren. Dadurch blieben die Verbraucherpreise weitgehend stabil. Zwar wurden aus finanziellen Problemen des Staatsbudgets 1965/66 die Preiskontrollen von einigen Waren entzogen, doch blieben die Preise der Grundnahrungsmittel erhalten (vgl. PAWELKA 1985).

Deutlicher Ausdruck der Sozialpolitik unter NASSER waren neben der sozialen Sicherung die Bodenreformen. Durch das Bodenreformgesetz von 1952 wurde unter Enteignung des Großgrundbesitzes die Höchstgrenze des Eigentums an landwirtschaftlich nutzbarer Fläche heruntergesetzt. Die Entschädigung für enteignetes Land erfolgte in staatlichen Schuldtiteln, die innerhalb von 30 bis 40 Jahren eingelöst werden sollten (vgl. SCHAMP 1977).

Die Revolution von 1952 markierte auch eine bildungspolitische Zäsur, denn fortan intervenierte der Staat im Bereich der Bildung. Das Bildungssystem expandierte und wurde durch neue Curricula inhaltlich stark verändert. Dies geschah unter dem Primat des Militärregimes, das Bildungssystem zu vereinheitlichen, staatlicher Kon-

---

75    Die übrigen Prozente entfielen auf die mittlere Gruppe.

trolle zu unterstellen und gesellschaftliche Einflüsse auszuschließen. In den 50er Jahren verdoppelten sich die Bildungsausgaben des Staates und nahmen noch zu[76]. Ab 1961[77] garantierte der Staat jedem graduierten Studenten eine Stellung im öffentlichen Sektor (vgl. PAWELKA 1985). Besondere Betonung lag auf der Förderung der Bildungschancen für Frauen (vgl. HÖHLING 1993).

Die Politik der Protektion: von Beginn an bemühte sich das Militärregime um den Aufbau eines modernen Sozialversicherungssystems. 1964 erfolgten die ersten Schritte in Form von Kranken- und Arbeitslosenversicherung. 1965/66 wurde das Sicherungsnetz um die Komponenten Alters-, Invaliditäts-, Hinterbliebenen- und Arbeitsunfallversicherung zuerst für Beamte und dann für alle Staatsbedienstete erweitert. Die Finanzierung erfolgte variierend je nach Versicherungsart durch Arbeitnehmer- und Arbeitgeberbeiträge. Bei Deckungslücken bestand eine staatliche Zuschusspflicht (vgl. PAWELKA 1985).

Unter NASSER wurde Ägypten zum Zentrum einer arbeitnehmerorientierten Arbeitsgesetzgebung im Nahen Osten[78]. Initiatoren waren - wenn auch ungewollt - die Gewerkschaften. Zwar unterstanden sie politischer Kontrolle, doch die Regierung wollte eine Eigendynamik der latent vorhandenen gewerkschaftlichen Organisationsfähigkeit verhindern und entwickelte eine progressive Arbeitsgesetzgebung. Zur neuen Regelung der Arbeitsbedingungen gehörten die der Arbeitszeit (Acht-Stunden-Tag), und des Jugendschutzes. In Staatsbetrieben wurde eine Mitbestimmung eingeführt, die den Arbeitnehmern Einfluß auf die Verhältnisse am Arbeitsplatz, auf soziale Leistungen, sowie auf Einstellung und Entlassung gewährten (vgl. PAWELKA 1985). Besonders betont wurde die Gleichberechtigung der Frau im Berufsleben durch gleichen Lohn für gleiche Arbeit und durch Mutterschutz. (vgl. HÖHLING 1993).

Die Beschäftigungspolitik der Regierung konzentrierte sich hauptsächlich auf den tertiären Sektor. Anlaß dafür bildeten Bevölkerungsanstieg, Stagnation des Agrarsektors, Landflucht und geringe Aufnahmekapazität der Industrie. Im organisierten öffentlichen Bereich des Dienstleistungssektors (Transport, Handel usw.) wurden

---

76    Vgl. dazu Kapitel 3 .6 dieser Arbeit, die Defizite der ägyptischen Bildungssituation, die trotz der staatlichen Bemühungen bestanden und noch bestehen.

77    Diese Garantie bestand drei Dekaden lang, heute gilt sie nicht mehr.

78    Grundlage war das Arbeitsgesetz von 1959 (vgl. SCHAMP 1977).

zwischen 1957 und 1965 ca. 2.28 Mio. neue Arbeitsplätze geschaffen, allerdings nur für die gebildete Mittelschicht. Die Unterschichten und Land-Stadt-Migranten dagegen überließ der Staat der Absorption durch den informellen Bereich des tertiären Sektors (Straßenverkauf, Gelegenheitstätigkeiten usw.) (vgl. PAWELKA 1985).

Schwerpunkte der Gesundheitspolitik lagen im Ausbau medizinischer Zentren, so genannter *Combined Social Units* (vgl. KASHEF 1987), in der Versorgung der gesamten Bevölkerung mit Ärzten und in der Bekämpfung der häufigsten ägyptischen Krankheiten (z.B. Bilharziose)[79]. Nach der Nationalcharta hat jeder, unabhängig von den Kosten, ein Recht auf medizinische Versorgung (vgl. SCHAMP 1977). Zu Beginn der 60er Jahre erreichte die Bevölkerungszunahme mit einer jährlichen Wachstumsrate von 2,59% (ca. 1 Mio. Menschen) einen neuen Rekord. Die Regierung reagierte mit dem Aufbau einer Behörde für Familienplanung, der Errichtung von Kliniken zur Propagierung und Verbreitung von kontrazeptiven Mitteln und einer breiten Kampagne zur Familienplanung (vgl. PAWELKA 1985).

Durch Bevölkerungszunahme und Landflucht nahm die Urbanisierung in den 50er und 60er Jahren besonders zu und verstärkte das Wohnproblem gravierend, so daß die Regulierung der Wohnbedingungen nötig wurde. Als Reaktion wandte das Regime schon in den 50ern eine Politik sukzessiver Mietreduzierung und -kontrolle an. Diese Bemühungen gipfelten 1962 in einer staatlichen Mietfestlegung, die eine geringe Sozialmiete darstellte und den Mieter vor Preiseskalationen und Wucher schützte. Im Zuge des sozialen Wohnungsbaus erstellten zwischen 1960 und 1970 staatliche Bauunternehmen 92000 neue Wohnungen (vgl. PAWELKA 1985).

Um die beschriebenen Aufgabenfelder der ägyptischen staatlichen Sozialpolitik zu koordinieren, wurde dem Ministerium für Arbeit und Soziale Angelegenheiten 1953 ein Ständiger Rat für Dienste der öffentlichen Fürsorge zur Seite gestellt, der sich verstärkt um soziale Verbesserungen bemühen sollte (vgl. THE REPUBLIC OF EGYPT 1955).

Insgesamt jedoch standen die Bodenreform und das Sozialversicherungssystem im Vordergrund der Sozialpolitik (vgl. PAWELKA 1985, SCHAMP 1977).

---

79    Leider gibt SCHAMP hier keine genaue Jahreszahl an, aber es muß sich
      um die 60er Jahre handeln.

## 4.1.2 Die Sozialpolitik der SADAT-Ära mit dem Schwerpunkt der Sozialversicherung

Das vorhergehende Kapitel behandelte die vierte Phase der sozialpolitischen Entwicklung nach KASHEF (1987, S. 4f), den Zeitraum von 1952 bis 1971. 1970/71 kam SADAT an die Macht und setzte andere Prioritäten. Während unter NASSER die Vision eines Wohlfahrtsstaates die Sozialpolitik motiviert hatte, herrschte unter SADAT die Ansicht vor, das Wohlbefinden der Bevölkerung würde durch kapitalistische Wirtschaftsentwicklung sichergestellt. Dementsprechend wurden die sozialen Errungenschaften, Institutionen und Dienste, die unter NASSER entwickelt worden waren, zwar nicht abgeschafft, aber auch kaum weiterentwickelt (vgl. ISMAEL/ISMAEL 1995). Eine Ausnahme stellte die Verbesserung des Sozialversicherungssystems dar. Erst unter SADAT wurde 1975 und 1976 ein integriertes Sozialversicherungssystem für alle Bürger einschließlich der kleinen Bauern und Dörfler verabschiedet (vgl. AWAD 1986). Dies war sehr bedeutsam vor allem für die soziale Situation auf dem Land. Doch von dieser Reform abgesehen, stützte sich SADAT größtenteils auf die sozialen Vorgaben aus der NASSER-Ära und überließ die sozial-politische Weiterentwicklung meist freiwilligen Organisationen. Er richtete sein Hauptaugenmerk auf die soziale Entwicklung durch wirtschaftliche Liberalisierung (vgl. ISMAEL /ISMAEL 1995). Daher werde ich mich auf die Darstellung der Sozialversicherung, wie sie durch SADAT abgeändert wurde[80] konzentrieren, um dessen Sozialpolitik zu charakterisieren[81].

In der ägyptischen Verfassung heißt es in Artikel 17:

> "Gemäß dem Gesetz sorgt der Staat für Dienste der Sozial
> und Gesundheitsversicherung sowie für Leistungen bei In
> validität, Arbeitslosigkeit und Altersrenten für alle Bür
> ger".(MINISTERIUM FÜR SOZIALVERSICHERUNG 1984,
> S. 469)

Das Sozialversicherungssystem gliedert sich in fünf Kategorien:

---

80    Die Berechnungsgrundlagen der Versicherungen werden nicht berücksichtigt, da ich sie für die Fragestellung der Arbeit als nicht notwendig
      erachte.

81    Umfassende Studien zur Sozialpolitik unter SADAT konnte ich nicht
      finden, da die mir zugängliche Literatur meist nicht über die 60er Jahre
      hinausgeht.

1. Das allgemeine Sozialversicherungssystem (eingeführt 1975, abgeändert 1977, 1978, 1980 und 1981):
Dieses Gesetz gilt für Staatsbeamte und Arbeitnehmer in öffentlichen Institutionen und im Privatsektor. Es umfasst die Versicherung gegen Arbeitsunfälle, die Gesundheits-, Arbeitslosen-, Alters-, Invaliden- und Hinterbliebenenversicherung. Die Finanzierung erfolgt neben staatlichen Beiträgen durch Monatsbeiträge der Arbeitnehmer (je nach Versicherungsart zwischen 1% und 10%) und Arbeitgeber (je nach Versicherungsart zwischen 2% und 15%).

2. Das Sozialversicherungssystem für nicht durch die Renten- und Sozialversicherungsgesetze[82] erfasste Arbeitnehmer (eingeführt 1975, abgeändert 1978, 1980 und 1981):
Diesem System sind Arbeitnehmer im Gelegenheitsbeschäftigungs-Sektor unterstellt. Dazu gehören z.B. Kleinbauern, Hausangestellte, selbständige Kleinunternehmer ohne festen Arbeitsplatz. Das System gewährt Leistungen im Alter, bei Invalidität und für Hinterbliebene. Die Finanzierung erfolgt durch direkte Beiträge der Versicherten.

3. Das Sozialversicherungssystem für Arbeitgeber und selbständige Erwerbstätige (eingeführt 1976, abgeändert 1978 und 1981):
Der Unterstellungsbereich umfasst Personenkategorien wie Handwerker und andere selbständig Erwerbstätige, Schriftsteller, Künstler, u. a., die nicht vom allgemeinen Sozialversicherungssystem erfasst werden. Die Finanzierung erfolgt durch die Versicherten, die zwischen 16 Einkommenskategorien wählen können. Der Beitragssatz beträgt 15% der ausgesuchten Einkommenskategorie. Zu den Leistungen zählen die Altersrente (Höchstrente liegt bei 80% der entsprechenden Einkommenskategorie), sowie Invaliditäts- und Hinterbliebenenrente.

4. Das Sozialversicherungssystem für ägyptische Arbeitnehmer im Ausland (eingeführt 1978, abgeändert 1981):
In den Geltungsbereich fallen alle im Ausland erwerbstätigen Ägypter zwischen 18 und 60 Jahren, sofern nicht die allgemeinen Sozialversicherungsgesetze für sie gelten. Erwiesen werden Alters-, Invaliden- und Hinterbliebenenleistungen. Diese Leistungen werden durch monatliche Beiträge der Versicherten in Höhe von 22,5% der gewählten Einkommenskategorie finanziert.

---

82  Gemeint ist das unter 1. beschriebene allgemeine Sozialversicherungssystem.

5. Das Sparsystem für Arbeitnehmer (eingeführt 1975):
Betroffen sind alle ständig beschäftigten Arbeitnehmer mit Monatslöhnen ab 30 Ägyptischen Pfund, für die das allgemeine Sozialversicherungssystem gilt. Hierbei werden die Sparbeträge in Prozent des monatlichen Durchschnittslohns berechnet, der die Bemessungsgrundlage für die Renten bildet.

Seit 1978 ist die Rentenanpassung vorgeschrieben. Die Renten sollen entsprechend der Standardpreise jährlich angehoben werden (vgl. MINISTERIUM FÜR SOZIALVERSICHERUNG 1984 und SCHEBEN 1994).

### 4.1.3  Die Sozialpolitik unter MUBARAK

MUBARAK übernahm 1981 die Probleme und Errungenschaften seiner Vorgänger. Vor allem in der Innenpolitik, d.h. auch in der Sozialpolitik, führte er den von NASSER und vor allem von SADAT eingeschlagenen Weg fort und änderte wenig. Dies zeigt sich an folgenden ausgewählten Bereichen der Sozialpolitik[83]:

Der Aufbau von sozialen Zentren wurde als Bestandteil der Sozialen Angelegenheiten vorangetrieben. Der Lebensstandard sollte durch bessere medizinische Versorgung und soziale Dienste angehoben werden. Dabei lag der Schwerpunkt nicht auf den ländlichen, sondern auf den städtischen Gebieten[84]. Von 1988/89 bis 1993/94 wurde die Zahl der Sozialzentren auf dem Land von 998 auf 1142 um 11,3%, die Zahl der städtischen Zentren von 478 auf 599 um 22,2% erhöht[85].

---

[83]  Dieser Überblick kann weder alle Bereiche der Sozialpolitik berücksichtigen noch den aktuellen Stand widergeben, da die mir zugängliche Literatur über die ägyptische Sozialpolitik meist in den 60er Jahren endet und oft unvollständig ist. Es besteht eine Forschungslücke, was das Thema Sozialpolitik in Ägypten seit den 60er Jahren angeht. Für die 80er und 90er Jahre war ich größtenteils auf das STATISTICAL YEARBOOK von CAPMAS (1995. S. 183-221) angewiesen, das einige Lücken aufweist. Aufgrund dieser Forschungslücke erhebe ich keinen Anspruch auf Vollständigkeit und Aktualität.

[84]  Dies lag möglicherweise daran, daß unter NASSER verstärkt ländliche Zentren errichtet wurden, so daß deren Zahl noch 1988/89 das Doppelte der städtischen Sozialzentren betrug.

[85]  Vgl. Central Agency for public mobilization and statistics 1995, S. 184

Die Ausgaben für die Familienhilfe des Sozialministeriums betrugen 1986 insgesamt 3.717.194 ägyptische Pfund[86], verteilt auf 82550 Familien, unterteilt in monatliche Zahlungen, einmalige Unterstützung, Hilfe für besondere Notlagen und Rentenzahlungen (unterschieden nach verschiedenen Gründen des Ausscheidens aus dem Berufsleben)[87]. Die Leistungen des Sozialministeriums werden unterstützt durch die Unterstützung des *waqf*-Ministeriums (vgl. AL-JIHAZ AL-MARKAZI LIT-TABI'A AL-AMA WA-L-IHSA' 1986)[88].

Die staatlichen Ausgaben für Sozialversicherungen stiegen von 1988/89 bis 1993/94 um 118,8% (STATISTICAL YEARBOOK 1995, S. 190).

Durch ein spezielles Wohnungsbauprogramm nahmen die jährlich errichteten Wohneinheiten in den 80er Jahren zu und erreichten 1993/94 die Zahl von 87.000 Einheiten[89].

Ziel der Regierung war es, das Recht jeden Bürgers auf kostenlose Bildung sicherzustellen. Dabei galt der Gleichberechtigung von Frauen besonderes Augenmerk. Von 1988/89 bis 1993/94 stieg die Zahl der Grundschüler um 14,5%, dabei 12,9 % bei Jungen und 16,6% bei Mädchen. Im gleichen Zeitraum nahm die Zahl der Schulen um 7,4% zu, und die Zahl der Schüler pro Klasse verringerte sich von 45 auf 44 (STATISTICAL YEARBOOK 1995, S. 200-219).

Die Gesundheitsdienste der bereits erwähnten sozialen Zentren wurden ausgeweitet, vor allem auf dem Land. Besondere Aufmerksamkeit galt der Errichtung von zusätzlichen Mutter-Kind Abteilungen. Die Krankenhäuser wurden ausgebaut, so dass die Zahl der Betten in der Periode 1990 bis 1994 um 4,8% stieg. Daneben wurde die Produktion der ägyptischen pharmazeutischen Industrie angekurbelt (STATISTICAL YEARBOOK 1995, S. 244).

---

86    1 Euro entspricht 4,28 LE (ägyptisches Pfund) (Stand vom 02.06.2003), während 1997 (10.01.97) 1 LE 0,58 DM entsprachen.

87    Die Zahlen beziehen sich auf die Gesamtsumme der unterstützten Familien und berücksichtigen eventuelle Überschneidungen nicht, denn aus der Statistik geht nicht hervor, inwieweit Familien, die z.B. monatliche Hilfe erhalten, auch eine andere aufgeführte Zuwendung gewährt wird. S. Anhang, Statistik 2 und 3.

88    Vgl. Al-jihaz al-markazi lit-tabi'a al-ma wa-l-ihsa 1990, Abb. 4

89    Im Gegensatz dazu wurden im Zeitraum von 1960-1972 nur ca. 80.000 Wohneinheiten pro Jahr errichtet (vgl. STATISTICAL YEARBOOK 1995; S. 170-175).

Diese Beispiele zeigen, daß MUBARAK die Sozialpolitik seiner Vorgänger zwar fortsetzte, doch keine grundlegenden Reformen einführte. Auch das Sozialversicherungssystem, das NASSER begonnen und SADAT weiterentwickelt hatte, übernahm er. Die Sozialversicherung bildet auch heute noch einen wichtigen Bestandteil der ägyptischen staatlichen Sozialpolitik[90].

Eine wichtige Neuerung jedoch erfolgte unter MUBARAK. Er gab der staatlichen Wirtschafts- und Sozialpolitik der 90er Jahre durch das Strukturanpassungsprogramm eine neue Prägung[91]. Dieses mit dem IWF (Internationaler Währungsfonds) und der Weltbank vereinbarte Programm wird seit 1991 verfolgt und soll die Wirtschaft liberalisieren und dadurch zur sozialen Entwicklung beitragen[92].

## 4.2 Probleme und Defizite der staatlichen Sozialpolitik

Schon in den ersten Jahren der Vision von einem Wohlfahrtsstaat unter NASSER ergaben sich gravierende Probleme und Defizite. Der Stadt-Land-Gegensatz wurde durch die Einkommenspolitik noch verschärft, da die Stadtbevölkerung bevorzugt wurde. Das landwirtschaftliche Durchschnittseinkommen betrug 40 bis 60% des Einkommens in vergleichbaren städtischen Beschäftigungsbereichen. Dies reflektiert die besondere Labilität der Legitimation des Regimes in der Stadt. Folge war eine verstärkte Landflucht. Innerhalb der städtischen Bevölkerung lag die Priorität in der Einkommenspolitik vor allem bei den mittleren Einkommensgruppen, so dass die ohnehin schon Armen noch mehr marginalisiert wurden. Dazu trug auch die Beschäftigungspolitik bei, die ebenfalls die Mittelschichten als potentiellen politischen Unruhefaktor privilegierte. Problematisch bei der Preis- und Subventionspolitik war der Umstand, daß

---

90  Die herausragende Bedeutung der Sozialversicherung zeigt sich auch dadurch, daß in Entwicklungsländern Soziale Sicherung oft mit Sozialpolitik gleichgesetzt wird; s. Kapitel 1.3 dieser Arbeit.

91  S.Kap.3.3.

92  Doch diese strukturellen Reformen verschlimmerten kurz- und mittelfristig die Armut. Daher wurde 1991 der Sozialfonds gegründet. der die sozialen Kosten der Strukturanpassung lindern soll (vgl. NOUR 1995). Der Sozialfonds gehört zu den sozialen Programmen der Industrieländer im Zuge der Entwicklungszusammenarbeit. In meiner Arbeit beschränke ich mich auf die Sozialpolitik des ägyptischen Staates. Deshalb gehe ich nicht weiter auf den Sozialfonds ein; er ist hier nur der Vollständigkeit halber erwähnt.

alle Einkommensgruppen davon profitierten. Auch die gut Verdie-
nenden hatten Zugang zu den subventionierten Nahrungsmitteln.
Als wegen finanzieller Engpässe des Staates bestimmte Subventionen gestrichen wurden, ging dies zu Lasten der Armen[93]. Diesen
unteren Schichten nützten auch die Bildungsreformen nicht viel. Die
wirtschaftliche Not der Eltern wirkte sich (wegen Schulkleidung,
Fahrgeld...) einschränkend auf die Ausbildung der Kinder aus. Im
internationalen Vergleich unterscheidet sich Ägyptens Bildungssystem von anderen Ländern der Dritten Welt, auch der arabischen,
durch die Kombination von überdurchschnittlicher Hochschulaus-
bildung, sehr unterdurchschnittlicher Breitenbildung und einer der
höchsten Analphabetenquoten der Welt (ca. 75%). Die staatliche Be-
schäftigungsgarantie für Akademiker, die zeitweise galt, führte zu
einem aufgeblasenen Staatsapparat und Unterbeschäftigung. Die
unteren Schichten, die Landbevölkerung und die Mädchen bildeten
die im Bildungssystem am stärksten diskriminierten Gruppen (vgl.
PAWELKA 1985). Die Frauen profitierten auch von der neuen Arbeitsgesetzgebung unter NASSER kaum, da viele Arbeitgeber Frau-
en entweder gar nicht mehr oder nur zu niedrigen Löhnen einstell-
ten (vgl. HÖHLING 1993). Die Defizite in der Gesundheitspolitik
spürte die Landbevölkerung am stärksten. Traditionelle wirtschaftliche und soziale Strukturen wurden nicht berücksichtigt, so daß die
medizinischen Strategien auf dem Land nicht griffen. Dies gilt besonders für die Familienplanung, die keine Verbreitung fand[94]. Die
Wohnungspolitik, die aufgrund der wachsenden Bevölkerung von
immenser Bedeutung war, hatte auch mit Problemen zu kämpfen.
Durch die unbewegliche Sozialmiete lohnten sich für Vermieter Re-
novierungen und für Privatleute und private Unternehmen der Bau
von neuen Wohnungen nicht. Bereits in den 70er Jahren waren 40%
des bestehenden Wohnraums nur noch Ruinen. Aufgrund der
Wohnungsknappheit kam es zwar in den 60er Jahren zu einem Bau-
boom privater Bauunternehmer, doch handelte es sich um Wohnraum für privilegierte Schichten (vgl. PAWELKA 1985). Trotz MU-

---

93  Dies war auch bei der Steuerpolitik der Fall, die die Mittelschichten be-
    vorzugte und die höheren und vor allem die untersten Einkommen star-
    ker Besteuerung aussetzte. Daher habe ich die Steuerpolitik nicht als so-
    zialpolitische Maßnahme erwähnt.

94  Nach PAWELKA (1985, S. 208) nutzen nur 14% der betroffenen Frauen
    im gebärfähigen Alter Techniken der Familienplanung. Der Autor führt
    als Gründe Korruption und die Priorität akuter Probleme, welche die
    Regierung von Kampagnen der Bevölkerungspolitik ablenken, an.

BARAKs Wohnungsbauprogrammen fehlt es auch in den 90er Jahren immer noch an Wohnraum.

Die beschriebenen Probleme und Defizite der staatlichen Sozialpolitik bestanden nicht nur unter NASSER, sondern zum größten Teil auch in der SADAT-Ära[95].

Dies gilt vor allem für das Sozialversicherungssystem, das unter allen drei Präsidenten den Schwerpunkt der Sozialpolitik bildete. Hierbei lagen und liegen die Defizite in der fehlenden materiellen Leistungsfähigkeit[96]. Die realen Leistungen des Sicherheitsnetzes reichten zum Überleben nicht aus. Sie können bestenfalls die traditionell-familiäre oder individuelle Problemlösung unterstützen (vgl. PAWELKA 1985).

## 4.3 zakat und waqf

*Zakat* und *waqf* können nicht direkt als Teile der staatlichen Sozialpolitik verstanden werden. Doch wird die Praxis dieser beiden islamischen Institutionen von staatlichen Vorschriften stark beeinflußt.

### 4.3.1 *zakat*

Seit Mitte des 19. Jahrhunderts wurde die *zakat* nicht mehr vom Staat eingezogen und verteilt. Auch unter NASSER, SADAT und in den 80er und 90er Jahren unter MUBARAK ist die *zakat* nurmehr eine religiöse Verpflichtung. Die Entrichtung der *zakat* ist dem Gewissen des einzelnen überlassen. Entrichtet werden kann die *zakat* in den 90ger Jahren offiziell über die Islamischen Banken[97] oder inoffiziell über eine Gruppe von Muslimen, der die Verwaltung obliegt.

---

95 Mir waren keine Studien zugänglich, ob dies auch für MUBARAK und die aktuelle Situation gilt. Aufgrund der Statistiken des STATISTICAL YEARBOOK (1995, S. 183-221) nehme ich jedoch an, dass MUBARAK einen Großteil der behandelten Probleme der Sozialpolitik von seinen Vorgängern geerbt und bislang nicht gelöst hat.

96 Durch seine Reformen des Sozialversicherungssystems bezog SADAT 1975 und 1976 auch die Landbevölkerung und den informellen Sektor mit ein. Dadurch hob er die bis dahin existierende sozialpolitische Begrenztheit auf.

97 Dabei ist anzumerken, daß die Islamischen Banken selbst verpflichtet sind, die *zakat* zu entrichten (vgl. BEN NEFISSA 1991).

Die offizielle *zakat* kann über staatliche (z.B. die Banque Sociale Nasser) oder private Banken (z.B. die Banque Faycal) geleistet werden. Die Banque Sociale Nasser wurde als erste ägyptische Islamische Bank 1971 von SADAT gegründet. Die *zakat* kann der Bank direkt oder über lokale Komitees gezahlt werden. Ziel dieser Bank ist es, denen Pensionen zu gewähren, die nicht von der sozialen Sicherheit profitieren. Außerdem werden von der eingesammelten *zakat* Krankenhäuser und Kindergärten gebaut, Bedürftigen geholfen usw.. Die sozialen Leistungen der privaten Banque Faycal (gegründet 1977) basieren wie bei anderen Islamischen Banken auf der Verwaltung der *zakat*. Verwendet wird die *zakat* für die gleichen sozialen Projekte wie bei den staatlichen Banken. Der Unterschied besteht darin, daß der staatlichen Banque Sociale Nasser manchmal vorgeworfen wird, das Geld der *zakat* nicht vom Staatshaushalt zu trennen[98]. Dennoch verwaltete die Banque Sociale Nasser 1990 21 Mio., die Banque Faycal nur 4 Mio. ägyptische Pfund *zakat* (BEN NEFISSA 199 1, S. 110). Die inoffizielle *zakat* wird von Muslimen entrichtet, die weder den staatlichen noch den privaten Banken trauen. Sie befürchten, dass ihre Abgabe in den Taschen der Bankangestellten landet, statt bei den Bedürftigen selbst. Wird die Armensteuer deshalb inoffiziell entrichtet, so sammelt eine Vertrauensperson die *zakat* von einer Gruppe von Muslimen ein und verteilt sie an Bedürftige im näheren Umfeld (vgl. BEN NEFISSA 1991).

### 4.3.2 *waqf*

Unter NASSER lassen sich drei Phasen bei der Änderung des *waqf*-Systems unterscheiden.

In der ersten wurden mit dem Gesetz Nr. 180 von 1952 die Familien-*waqf* aufgelöst und für die Zukunft verboten (vgl. BARBAR 1982). Öffentliche *waqf* dagegen bestanden weiter, da sie als Ausdruck des islamischen Sozialismus dienen sollten (vgl. FULDA 1969). Seit 1913 wurden zahlreiche öffentliche Stiftungen vom *waqf*-Ministerium verwaltet. Mit dem Gesetz 247 vom Jahr 1953 wurden alle *auqaf*-Güter dem Ministerium unterstellt. Eine Ausnahme bilden die *auqaf* von Nicht-Muslimen, die nicht dem Ministerium, sondern einem von diesem ernannten Verwalter unterstellt sind. Der Stifter hatte das Recht, über seine Stiftung zu wachen. Die Möglichkeit des Mieters eines *waqf*, diesen mit eingeschränktem Besitzrecht für den An-

---

98    Hier wird der Konkurrenzgeist der verschiedenen islamischen Finanzierungsinstitutionen im Bereich ihrer Sozialpolitik sichtbar.

bau zu nutzen (*hikr*), wurde mit dem Gesetz Nr. 649 von 1993 annulliert.

In der zweiten Stufe wurde das *waqf*-Ministerium reorganisiert, indem ihm ein *Conseil Superieur des Affaires Islamiques* zur Seite gestellt wurde.

Die dritte Etappe, die praktisch an eine Zerstörung des *waqf*-Systems grenzt, bestand in der Transferierung der Stiftungen auf die Organismen der Bodenreform (Gesetze 1957 und 1962) (vgl. BARBAR 1982).

Während die *auqaf* in der NASSER-Philosophie den Islamischen Sozialismus stützen sollten, bemühte sich SADAT, ihnen ihre traditionelle Rolle zurückzugeben. Dazu wurde z.B. im Gesetz Nr. 42 von 1973 die Übertragung der Stiftungen an die Organismen der Bodenreform rückgängig gemacht[99].

Bedeutsam ist die Verknüpfung von *waqf* und der aktuellen *shari'a*-Debatte[100]. Die Bewegung, die sich für eine Wiedereinführung der *shari'a* als einzige Quelle der Legislative in Ägypten stark macht, lehnt die Integration der *waqf* in das Wirtschaftssystem - sei es der Sozialismus NASSERs oder der Liberalismus SADATs - ab (vgl. BARBAR 1982).

## 4.4 Zusammenfassung

Die eigentliche Entwicklung der staatlichen Sozialpolitik Ägyptens begann mit der Revolution von 1952. Die sozialpolitischen Errungenschaften NASSERS bildeten die Basis für die Sozialpolitik SADATs und MUBARAKs. Hauptbestandteil der Sozialpolitik NASSERs stellte das Sozialversicherungssystem, das von SADAT weiterentwickelt wurde, dar. Daneben konzentrierte sich SADAT hauptsächlich auf die wirtschaftliche Liberalisierung, die anstatt sozialpolitischer Neuerungen die soziale Entwicklung vorantreiben sollte. MUBARAK übernahm sowohl die bestehenden sozialpolitischen Systeme NASSERs als auch die Liberalisierungspolitik SADATs. In diesem Sinne begann er ein Strukturanpassungsprogramm, das durch wirtschaftliche Liberalisierung die soziale Situation verbes-

---

99 Über die Rolle der *waqf*-Stiftungen unter MUBARAK liegen mir leider keine Angaben vor.

100 S. Kap. 3.4.

sern sollte, sie aber kurz- und mittelfristig verschlechterte. Problematisch in der staatlichen Sozialpolitik ist vor allem die häufige Bevorzugung der Mittelschichten und damit Benachteiligung der unteren Einkommensgruppen und die Verstärkung des Stadt-Land-Gefälles.

*Zakat* und *waqf* sind in der aktuellen staatlichen Sozialpolitik kaum noch von Bedeutung, obwohl sie im Bewußtsein der Bevölkerung noch stark verankert sind.

# 5 Islamische und *islamistische* Gegenkonzepte

*Zakat* und *waqf* weisen bereits auf eine Alternative zur staatlichen Sozialpolitik hin: auf die sozialpolitischen Komponenten des Islam. Vor allem die unteren Schichten fühlen sich von der staatlichen Sozialpolitik im Stich gelassen und suchen Hilfe bei islamischen oder *islamistischen* Gruppen (vgl. MARKAZ AD-DIRASAT AS-SIYASIYYA WA-L-ISTIRATIYYA 1995). Im Zuge der Rückbesinnung auf den Islam durch *Re-Islamisierung* und *Islamismus* und wegen der Ineffizienz der staatlichen Sozialpolitik gewinnen islamische, aber besonders *islamistische* Organisationen vor allem aufgrund ihrer Sozialarbeit regen Zulauf Daher sollen ihre sozialen Aktivitäten in diesem Kapitel behandelt werden[101].

## 5.1 Islamische Organisationen

In Ägypten existiert eine Vielzahl von privaten freiwilligen Organisationen[102]. In diesem Abschnitt soll es um diejenigen dieser Gemeinschaften gehen, die religiös bzw. islamisch[103] orientiert und sozial tätig sind[104]. Entstanden sind die ersten im 19. Jahrhundert, ihre Zahl nahm nach dem Zweiten Weltkrieg und in den 50er Jahren zu und unterlag in den 60ern einigen Veränderungen. Denn die priva-

---

101    Leider war mir weder bei den islamischen noch bei den *islamistischen* Gruppen über ihre sozialpolitischen Forderungen oder über ihre sozialen Aktivitäten ausreichend Literatur zugänglich. Was sozialpolitische Forderungen betrifft, fand ich bei islamischen Bewegungen nichts, bei *islamistischen* nur ein Programm der Muslimbrüder von 1936. Die Studien über die sozialen Aktivitäten der islamischen Organisationen bestehen aus einem Werk von 1970 und der nicht repräsentativen Darstellung einer islamischen Gruppe von 1990. Die Angaben über das soziale Engagement der *Islamisten* sind zwar von 1990, doch sehr knapp gehalten. Aufgrund dieser Forschungslücke ist ein umfassender und aktueller Überblick über die sozialpolitischen und sozialen Gegenkonzepte zum Staat der islamischen und *islamistischen* Gruppen nicht möglich.

102    In der Fachliteratur wird dafür meist der Begriff PVOs (Private Voluntary Orgamsations) gebraucht, was in Ägypten mit NGOs (Non Governmental Organisations) gleichgesetzt werden kann.

103    Es existieren auch einige jüdische oder koptische Gruppen.

104    Z.B. die Islamic Educational Society oder Shariiya Cooperative Society of Followers of the Koran and the Sunna of Muhammad (vgl. BERGER 1970).

ten Beiträge gingen zurück, während die Unterstützung und Regulierung durch die Regierung wuchsen[105]. Dies erfolgte durch die Verabschiedung mehrerer Gesetze, die diese Organisationen staatlicher Kontrolle unterstellten, und durch die finanziellen Zuschüsse der Regierung an manche Gruppen (vgl. BERGER 1970). So heißt es in der JARIDA AR-RASMIYYA vom 15.01.1964 vom Präsidenten NASSER zu einigen Organisationen, die von nationalem Interesse sind, der Sozialminister bestimme über die Vereine. Die sozialen Aktivitäten waren größtenteils beschränkt auf städtische Zonen, so dass auch hier der Stadt-Land-Gegensatz sichtbar wird. Dabei lag der Schwerpunkt der sozialen Tätigkeit in den 60er Jahren neben den religiösen Aufgaben (Bau von Moscheen, Einrichten von Koranklassen...) auf Gesundheitsleistungen (ein Drittel der jährlichen Ausgaben). Finanzielle Hilfen für Bedürftige, Mutter- und Kindfürsorge und erzieherische bzw. kulturelle Dienste (Bau von Schulen) ergänzten das soziale Programm. Auffallend ist, dass keinerlei Hilfe für Alte oder Obdach- bzw. Wohnungslose geboten wurde. Dabei wartete die Regierung oftmals die soziale Initiative der privaten Gruppen ab und übernahm deren Aufgaben, sobald die Gruppen den Weg gezeigt hatten (vgl. BERGER 1970). Heute hat sich der Schwerpunkt der sozialen Leistungen möglicherweise etwas verlagert[106]. Den größten Teil der Ausgaben 1988 bestritten demnach bei der bedeutenden Mustafa Mahmud Wohlfahrtsorganisation *zakat* (als Verwendungszweck) und finanzielle Hilfe an Studenten, Patienten in öffentlichen Krankenhäusern etc., gefolgt vom Ausrichten von religiösen Festen und Personalkosten. Medizinische Behandlungen und Hilfen für z. B . Krebspatienten folgten (vgl. HAMMADY 1990)[107].

---

105   Leider kann ich über die Entwicklung seit 1970 und die aktuelle Situation nichts sagen, da diese PVOs noch kaum erforscht sind. und die einzige mir zugängliche Studie von BERGER 1970 erschien.

106   Mir liegt aufgrund der Forschungslücke auf diesem Gebiet nur eine Graphik von 1988 über eine einzige private soziale Organisation vor, so dass ich sie nicht als repräsentativ bezeichnen kann, sie wegen ihrer relativen Aktualität aber erwähnen möchte.

107   Die sufi-Gemeinschaften gelten wegen ihres Mystizismus eher als Religionsgemeinschaft, nicht als religiöse private Organisation, und fallen daher nicht ganz unter dieses Kapitel. Doch möchte ich sie an dieser Stelle der Vollständigkeit halber erwähnen, da sie in letzter Zeit vermehrt soziale Dienste wie Altenfürsorge und Erwachsenenbildungszentren anbieten sowie Moscheen und Schulen bauen (vgl. LUIZARD 1991).

## 5.2 Islamistische Gruppierungen

Größere Konkurrenz zur staatlichen Sozialpolitik und damit eine größere Bedrohung der Legitimation der Regierung als die islamischen sozialen Organisationen stellen die *islamistischen* Gruppen mit ihrer Sozialarbeit dar. Denn sie sind meist offiziell verboten - wenn auch oft geduldet - und unterliegen somit 'nicht den Gesetzen staatlicher Kontrolle. Ägyptische *islamistische* Gruppen[108] sind beispielsweise die *jama'at al-islamiyya* (dazu gehören z.b. die *jihad*-Organisation und *at-takfir wa-l-hijra*), die *jama'at as-salafiyyun*, die *jama'at at-tabligh* und *an-najun min an-nar*. Am bekanntesten in Europa und auch in der Fachliteratur als wichtigste *islamistische* Gruppierung in der modernen Geschichte Ägyptens gehandelt, sind jedoch die Muslimbrüder *(al-ikhwan al-muslimun)*. Auch sehen die Muslimbrüder die Mitglieder der anderen Gemeinschaften als ihre Schüler, da diese nach ihnen entstanden (vgl. EL-SAYED 1990). Daher will ich stellvertretend für die anderen islamistischen Gruppierungen kurz ein Bild der Gemeinschaft der Muslimbrüder zeichnen[109].

Gegründet wurde die Vereinigung 1928 von HASAN AL-BANNA' (1906-1949), der als erster Reformator im Orient ein mehrere Bücher umfassendes schriftliches Programm vorlegte. Darin bezeichnet AL-BANNA' seine Organisation als eine Institution,

> "die sich mit wissenschaftlichen, wirtschaftlichen und gesellschaftlichen bzw. reformatorischen Problemen und Aktivitäten beschäftigt."(GARISHA 1988, 5. 399)

Vorrangiges Ziel ist die Erneuerung des Islam (vgl. KANDIL 1988). Dadurch knüpft die Muslimbruderschaft an die geistige Strömung des islamischen Modernismus[110] des vorigen Jahrhunderts an (AFGHANI und ABDUH). Trotz einiger neuer Akzente[111] bleibt der Kern bestehen: ein religiöser Integralismus, der alle Lebensbereiche

---

108  Aufgrund der Vielzahl der ägyptischen Gemeinschaften integralistischer oder *islamistischer* Couleur kann ich an dieser Stelle nur einige wenige nennen und beschränke mich auf die Muslimbrüder stellvertretend für das breite Spektrum der verschiedenen Bewegungen.

109  Ein Grund, näher auf die Muslimbrüder einzugehen ist die fehlende Literatur über die anderen *islamistischen* Gruppen. Da diese Gruppen im Untergrund arbeiten, besteht in Europa eine Forschungslücke darüber.

110  Gemeint ist die Rückführung zum "wahren Islam", S. Kap. 3 .4. .

111  Z.B. gaben AFGHANI und ABDUH ihre Ideen nur einer Schar ausgewählter Schüler weiter, während die Muslimbrüder weniger elitär sind (vgl. KANDIL 1988).

des Individuums und der Gesellschaft regeln will und sich somit gegen die Trennung von Staat und Religion der Säkularisten richtet. Dabei wird die Einführung der *shari'a* gefordert. Dieses umfassende Islamverständnis verbreitete sich in breiten Bevölkerungsschichten. Doch entstanden unterschiedlich(e) radikale Splittergruppen, die von den Muslimbrüdern nicht mehr integriert oder kontrolliert werden konnten. Dies lag z. T. daran, daß die Muslimbruderschaft 1954 verboten, zwischenzeitlich verfolgt wurde und dadurch keine Möglichkeit hat, ihre Vorstellungen in die innenpolitische Diskussion einzubringen (vgl. KANDIL 1988). Außerhalb Ägyptens gibt es in den verschiedenen arabischen Staaten entweder Zweige der Bruderschaft oder nahe stehende Gruppen (vgl. FORSTNER 1983). Ihre Anhänger rekrutieren die Brüder vor allem aus den armen Bevölkerungsschichten, aber auch aus Akademikerkreisen, vor allem Juristen.

Einer ihrer großen Theoretiker war SAYYID QUTB (1906- 1966) (vgl. FORSTNER 1988). Besonders sein Werk " Social Justice in Islam" (*al-adalah al-ijtima'iyya fi l-islam*) wurde wegweisend für die Muslimbrüder und andere islamistische Organisationen. Hintergrund war QUTBs Kritik am politischen System in den 40er Jahren, das seiner Meinung nach dem Problem der sozialen Gerechtigkeit gleichgültig gegenüberstehe (vgl. MUSALLAM 1993). Erstmals 1949 veröffentlicht und danach mehrmals abgeändert, plädiert QUTB darin für eine Gesellschaft, die auf islamischen Prinzipien basiert (vgl. SHEPARD 1992).

Das grundlegende islamische Prinzip der sozialen Gerechtigkeit beschreibt QUTB (1977, S. 24) folgendermaßen:

> "Thus, in the Islamic view, life consists of mercy, love, help, and a mutual responsibility between Muslims in particular, and between all human beings in general."

Dadurch ist nach QUTB der Islam durchdrungen vom sozialen Gedanken. Soziale Gerechtigkeit im Islam basiere auf drei Grundpfeilern:

*Absolute Gewissensfreiheit:*
Soziale Gerechtigkeit kann nur sichergestellt werden, wenn der einzelne von deren Notwendigkeit überzeugt ist, d.h. diese im Gewissen des Individuums verankert ist. Gesetzliche Verordnungen reichen nicht aus. Dabei ist das Gewissen keinem Menschen, sondern nur Gott Rechenschaft schuldig;

*Völlige Gleichheit aller Menschen:*
Ausgehend von der Einheit der Menschen in Ursprung und Geschichte, Leben und Tod, wird die Sklaverei verurteilt und die Gleichwertigkeit, aber nicht Gleichartigkeit der Geschlechter beschrieben;

*Bindende soziale Solidarität:*
Gemeint ist die Verantwortung zwischen dem einzelnen und seiner Familie, dem Bürger und der Gesellschaft und der verschiedenen Gesellschaften untereinander. Dazu gehört z.B. Achtung den Eltern gegenüber oder mit QUTBs Worten:

> „...the welfare of the community must be promoted by mutual help between individuals..."
> "The community is also responsible for the care of its weak members; it must watch their welfare and guard them."
> (KOTB 1977; übersetzt von Hardie, S. 62)

Das Individuum muß seine Interessen in Einklang mit denen der Gesellschaft bringen. Die islamische Tradition für diese soziale Gerechtigkeit bilden die *shari'a* und das menschliche Gewissen. Praktische Beispiele für diese zwei Instrumente der sozialen Gerechtigkeit sind die *zakat* und besonders die *sadaqa*. Denn letztere wird freiwillig geleistet und demonstriert damit besonders stark ein sozial geprägtes Gewissen (vgl. BADR 1968).

Konkrete sozialpolitische Forderungen stellten die Muslimbruder in ihrem Programm von 1936[112]. Darin forderten sie unter anderem:

- Obligatorische Einführung der *zakat;*

- Einführung der Sozialversicherung;

- Einführung von Gesetzen zur Behebung der Armut mit dem Ziel des sozialen Gleichgewichts und der Erfüllung der staatlichen Verpflichtungen;

- Einführung von Gesetzen zur Bekämpfung des Wuchers und des europäischen Kreditsystems (vgl. BADR 1968).

Doch heißt es unter "soziale und wissenschaftliche Richtung" in diesem Programm auch:

> "(...) Bekämpfung des unsittlichen Auftretens und des lockeren Benehmens von Frauen, Belehrung über richtiges Betragen."(BADR 1968, S. 99)

---

112    "Die 50er Petition". Vgl. Badr 1968, S. 98-100.

Die Praxis dieser sozialpolitischen Forderungen, d.h. das soziale Engagement der Bruderschaft und anderer *islamistischer* Gruppen sieht in den 80er und 90er Jahren folgendermaßen aus: Moscheen sind zum Zentrum der religiösen, kulturellen, medizinischen und sozialen Dienste der Bewegung geworden. Sie bieten Leistungen mit einer hohen Qualität und niedrigen Kosten und ziehen nicht nur Bedürftige, sondern auch Mittelschichtfamilien an. Das Einkommen und Überleben einer Vielzahl von Familien hängt von den *islamistischen* Bewegungen ab (vgl. EL-SAYED 1990). Diese Gotteshäuser werden mit Hilfe privater Spenden von *islamistischen* Vereinigungen gebaut (vgl. DIE TAGESZEITUNG vom 24.02. 1994)[113].

## 5.3 Zusammenfassung

Vor allem untere, aber auch mittlere Bevölkerungsschichten fühlen sich von der staatlichen Sozialpolitik im Stich gelassen und suchen die sozialen Leistungen islamischer und *islamistischer* Gruppen auf Dabei kontrolliert die Regierung durch gelegentliche Zuschüsse und Gesetze die islamischen Bewegungen. Doch ist dies bei den *islamistischen* Organisationen nicht möglich, da diese meist verboten sind und daher nicht unter die staatlichen Kontrollgesetze fallen. Besonders die Muslimbrüder als bedeutendste und im Westen bekannteste *islamistische* Bewegung zeichnen sich durch soziale Entwürfe (QUTB: Soziale Gerechtigkeit), sozialpolitische Programme (Programm von 1936) und soziales Engagement aus. Dadurch stellen sie eine große Gefahr für die Legitimation der Regierung dar.

---

113 In diesem Zeitunsartikel werden die genannten Vereinigungen als islamisch bezeichnet. Doch da die Muslimbrüder explizit genannt werden, gehe ich davon aus, dass mein Begriff *islamistisch* zutrifft und der Verfasser islamische und *islarnistische* Gruppen lediglich weniger strikt trennt. S. Anhang, Text 4.

# 6 Analyse und Wertung

In diesem Kapitel sollen die ersten drei Kapitel dieser Arbeit, verstanden als parallele Zugangswege zum Thema Sozialpolitik, mit Kapitel 4 und 5 und untereinander verknüpft werden unter dem. Leitfaden eigener Interpretationen. Ziel ist es, Interdependenzen aufzuzeigen.

Dabei wird als erstes die ägyptische Sozialpolitik unter Bezugnahme der Kapitel 1 und 2 (Sozialpolitikkonzepte und Soziale Komponenten des Islam) analysiert. Dadurch wird dem Thema Sozialpolitik Rechnung getragen und zur Überprüfung der Fragestellung im zweiten Analyseabschnitt hingeführt. Die Frage nach der Beeinflussung von *Re-Islamisierung/Islamismus* durch die staatliche Sozialpolitik wird unter Anwendung des interdisziplinären Landeskundekapitels (Kap. 3) überprüft. Die Konsequenzen des Ergebnisses in den letzten beiden Abschnitten des sechsten Kapitels runden die Analyse unter zwei Aspekten ab.[114]

## 6.1 Einflußfaktoren der ägyptischen Sozialpolitik

Als erstes soll die in Kapitel 1.1 dargelegte Theorie staatlicher Sozialpolitik auf Ägypten bezogen werden, bevor dann Einflüsse der Ersten, Zweiten, Dritten und arabischen Welt, sowie die islamischen sozialen Prinzipien in der Sozialpolitik Ägyptens nachgewiesen werden. Die zerstörte wirtschaftliche Autarkie bestimmter Sozialgebilde, die aufkommende innere Schichtung einer Gesellschaft und deren unterschiedliche Teilhabe an wirtschaftlichen Errungenschaften bedrohen den inneren Frieden. Oft werden diese Mißstände, aufgrund eines Wertesystems für korrekturbedürftig gehalten[115].

Diese Entstehungsbedingungen staatlicher Sozialpolitik sind auch in Ägypten gegeben. Durch die Zerstörung des Ständesystems im 19. Jahrhundert, das durch Hilfskassen sozial tätig war, und eine permanente Schichtung der Gesellschaft durch eine extrem hierarchische Einkommensverteilung kam es besonders in den Nachkriegs-

---

114 Für die gesamte Analyse gilt eine sozialpolitische Ausrichtung. Dies sollte jedoch nicht als Kausalität oder sogar Monokausalität aufgefaßt werden. Die sozialpolitische Komponente ist nur eine von vielen, soll aber in dieser Arbeit betont werden.

115 S.Kap. 1.1.

jahren des Zweiten Weltkrieges zu politischen und sozialen Unruhen. Nur durch diese Forderungen nach sozialen Reformen wurde der Weg zu einer sozialpolitischen Entwicklung bis hin zur NASSER-Ära geebnet. Doch dieser eigentliche Beginn der ägyptischen staatlichen Sozialpolitik gründet sich nicht nur auf die Bedrohung des inneren Friedens, sondern auch auf die in der Verfassung verankerte soziale Idee. Hierdurch zeigt sich nicht nur die Überzeugung, soziale Missstände seien korrekturbedürftig, sondern auch die Annahme, der soziale Bedarf könne politisch gedeckt werden, was die Voraussetzung für die Entstehung staatlicher Sozialpolitik ist.

Dabei sind die Bedarfe bedeutsam. In Ägypten als Entwicklungsland mit durch die Wüsten begrenzter agrarischer Nutzfläche besteht ein permanent vorhandener Grundbedarf an staatlicher Sozialpolitik. Die wachsende soziale Disparität durch zunehmende Korruption und Verstärkung des Stadt-Land-Gegensatzes läßt auf einen verteilungsbedingten Bedarf schließen, der durch die Übernahme sozialpolitischer Prinzipien aus dem französischen und sozialistischen Raum zu einem geweckten Bedarf führt. Diese drei Bedarfe führten nicht nur zur Einführung einer eigentlichen staatlichen Sozialpolitik unter NASSER, sondern sie nahmen durch die Probleme und Defizite der staatlichen Sozialpolitik noch zu, konnten vom Staat nicht mehr befriedigt werden und führten zur Inanspruchnahme der sozialen Dienste der *Islamisten*.

In der Theorie wird die Entwicklung der staatlichen Sozialpolitik von den Determinanten der Problemlösedringlichkeit, -fähigkeit und -bereitschaft geprägt. Durch die sozialen Unruhen der Nachkriegsjahre und die seitdem zunehmende *islamistische* Bedrohung der Legitimation des Staates sowie die in der Verfassung dargelegten sozialen Verpflichtungen wird die Deckung des sozialpolitischen Bedarfs sehr dringlich. Dazu trägt auch die Forderung der *Islamisten* bei, der Staat möge sich mehr auf islamische soziale Komponenten beziehen. Dadurch und durch die Reaktion des Staates, sich selbst islamischer darzustellen, wird die Verantwortung des Staates für den einzelnen noch verpflichtender. Denn diese Verpflichtung ist stark im soziopolitischen Gedankengut des Islam seit der *qaramita*-Bewegung im 9. Jahrhundert bis hin zu den Sozialreformern des 19. Jahrhunderts verwurzelt. Im Gegensatz zu dieser ausgeprägten Problemlösedringlichkeit in Ägypten sind die Entwicklungsfaktoren Problemlösefähigkeit und -bereitschaft gering. Es fehlt dem Staat an finanziellen Mitteln, was wiederum den Zulauf zu den sozialen Diensten der *Islamisten* erhöhte.

Dadurch, daß die Theorie einer staatlichen Sozialpolitik, die für die Erste und Zweite Welt konzipiert wurde, auf Ägypten bezogen werden kann, wurden kapitalistische und sozialistische Einflüsse auf die ägyptische staatliche Sozialpolitik angedeutet. Dies gilt auch für die sozialen Prinzipien, die NASSER seiner Sozialpolitik zugrunde legt: er bezeichnet als Leitidee den Islamischen bzw. Arabischen Sozialismus. Auch das Problem der versteckten Arbeitslosigkeit durch Beschäftigungsgarantien zeigt Parallelen zur Sozialpolitik in sozialistischen Ländern. Dadurch werden gewisse Anlehnungen der Sozialpolitik Ägyptens an die Zweite Welt deutlich. Dagegen machen die Öffnungspolitik SADATs und das Strukturanpassungsprogramm MUBARAKs, die beide als Äquivalent zu einer Sozialpolitik fungieren sollten, durch ihre Betonung des wirtschaftlichen Wettbewerbs und damit der Eigenverantwortung des Individuums die Einflüsse der Ersten Welt deutlich. Dies gilt auch für die Europäisierung, besonders Französisierung Ende des 19. Jahrhunderts, die den Grundstein für die spätere staatliche Sozialpolitik legte.

Doch lässt sich die ägyptische staatliche Sozialpolitik nicht völlig als kapitalistisch oder sozialistisch begreifen oder der angeführten Theorie unterordnen. Denn in kapitalistischen und sozialistischen Ländern und auch in der dargelegten Theorie wird die Industrialisierung als auslösender Faktor für das Entstehen staatlicher Sozialpolitik bzw. des sozialistischen Systems dargestellt. Dies ist auch bei einigen Teilen der Dritten Welt wie Lateinamerika, jedoch nicht in Afrika der Fall. In afrikanischen Ländern und so auch in Ägypten führte nicht die Industrialisierung, sondern die politische Unabhängigkeit an erster Stelle zur Einführung staatlicher Sozialpolitik. Denn diese Einführung erfolgte erst schleppend nach der Unabhängigkeit 1922 und verstärkt nach der Revolution unter NASSER 1952.

Auch die große soziale Funktion der Familie, die noch nach 1952 und heute immer noch besonders auf dem Land weiter besteht, und die in den Sozialpolitikkonzepten der Ersten und Zweiten Welt und der angeführten Sozialpolitiktheorie nicht erscheint, zeigt die Zugehörigkeit der ägyptischen staatlichen Sozialpolitik zu den Sozialpolitikkonzepten der Dritten Welt. Dies gilt auch für die Tatsache, dass eine Ausweitung staatlicher sozialpolitischer Reformen erst in Reaktion auf soziale Unruhen erfolgte, denn die besondere Bedeutung der staatlichen Sozialpolitik als Legitimation für die Regierung ist typisch für Dritte-Welt-Sozialpolitik. Diese Einordnung der ägyptischen Sozialpolitik als Konzept für Dritte-Welt-Länder ist außerdem gerechtfertigt durch die Rolle des Sozialversicherungssystems. In

Ländern der Dritten Welt wird Sozialpolitik häufig mit Sozialer Sicherung gleichgesetzt; und auch in Ägypten erklärten sowohl NASSER als auch SADAT die Soziale Sicherung als Hauptbestandteil der Sozialpolitik. Hierbei finanziert sich die ägyptische Sozialversicherung sowohl durch das Versicherungsprinzip (Mitgliederbeiträge) als auch durch das Solidaritätsprinzip (staatliche Zuschüsse). Dies entspricht dem Sozialversicherungskonzept der meisten Dritte-Welt-Länder. Auch die extrem hierarchische Einkommensverteilung, die eine Einkommenspolitik besonders notwendig macht, weist auf die sozialen Disparitäten dieser Länder hin.

Ein anderer sozialpolitischer Schwerpunkt unter NASSER waren die Bodenreformen. Da die Sozialpolitik arabischer Länder sich, historisch gesehen, hauptsächlich auf den Boden gründet, weist die Betonung der Bodenreform unter NASSER auf die arabische Komponente seines arabischen bzw. islamischen Sozialismus als Prinzip der Sozialpolitik hin.

Inwiefern die ägyptische staatliche Sozialpolitik islamischen sozialen Prinzipien folgt, soll nun durch einen Bezug der sozialen Komponenten im Islam auf die Sozialpolitik gezeigt werden.

Der im Islam so wichtige Gedanke von Brüderlichkeit und Gleichheit spiegelt sich in der sozialen Idee des islamischen Sozialismus in der ägyptischen Verfassung wider.

Auch die Enteignungen im Zuge der nasserschen Bodenreform beziehen sich auf den Islam, demgemäß der einzelne sich der *umma al-islamiyya* unterordnet. Diese Prinzipien, die NASSER als arabischen bzw. islamischen Sozialismus bezeichnete, entwickelten sich seit den Reformern AL-GHIFARI und IBN HAZM. Der Islam zeichnete sich von Anfang an durch eine soziale Einstellung aus. AL-GHIFARI und IBN HAZM betonten die Verantwortung des Individuums für die Gemeinschaft, was in den genannten Verfassungsgrundsätzen NASSERs reflektiert wird. Der Grundgedanke - die freiwillige soziale Einstellung des Gläubigen - macht eine staatliche Sozialpolitik eigentlich unnötig. Doch da diese idealen islamischen Umstände nur in der Frühzeit des Islam herrschten, bleibt dies auch in Ägypten eine Utopie.

Zwei der wichtigsten sozialen Komponenten im Islam sind *zakat* und *waqf*. Seit Mitte des 19. Jahrhunderts unterlagen diese beiden Einrichtungen in Ägypten Veränderungen. *zakat* wurde von dieser Zeit an nicht mehr vom Staat eingezogen, sondern individuell entrichtet, u. U. über Islamische Banken. Die Familien-*waqf* wurden

1952 aufgelöst; nur noch öffentliche *waqf* bestanden als Ausdruck des islamischen Sozialismus weiter und dies auch trotz SADATs Bemühungen, die traditionelle Rolle des *waqf* zu stärken, nur in stark verwestlichter Form. Zwar bestehen Parallelen zwischen dem Sozialversicherungssystem und der *zakat*, doch ändert das nichts an der Tatsache, daß in der ägyptischen staatlichen Sozialpolitik bis heute die zwei sozialen Komponenten des Islam *zakat* und *waqf* kaum berücksichtigt sind. Auch das gesamte System von staatlicher Sozialpolitik war dem islamischen Denken fremd. Dementsprechend kann man nur sehr begrenzt von einer islamisch geprägten, eher von einer säkular beeinflußten staatlichen Sozialpolitik mit zahlreichen Charakteristika der Dritten Welt sprechen.

Die *Islamisten* dagegen passen ihre sozialpolitischen Forderungen und sozialen Aktivitäten eher dem Islam an. Sie sehen häufig ihre sozialen Dienste nur als Übergang an, bis eine Sozialpolitik in der islamischen Gemeinschaft der Zukunft unnötig wird, da alle freiwillig einander helfen. QUTB betont besonders in "Social Justice in Islam" die Unterordnung des Individuums unter die Gemeinschaft. Dieses Werk des geistigen Führers der Muslimbrüder ist stark von der islamischen Soziallehre beeinflusst und beruft sich auf die soziale Einstellung des Islam. In der so genannten 50er Petition plädieren die Muslimbrüder für die Verantwortung des Staates für den einzelnen und schließen sich damit den Sozialreformern des 19. Jahrhunderts TAHTAWI, AFGHANI, ABDUH u. a. an. Letztendlich durch die sozialpolitische Forderung, das obligatorische *zakat*-System wieder einzuführen, zeigt sich, dass die *Islamisten* sich mehr auf soziale Komponenten im Islam berufen als die staatliche Sozialpolitik in Ägypten.

## 6.2 Ursachen von Re-Islamisierung bzw. Islamismus und Zusammenhänge mit der staatlichen Sozialpolitik

Dieser Abschnitt soll die Fragestellung der Arbeit, die Zusammenhänge zwischen defizitärer staatlicher Sozialpolitik und Verbreitung *von Re-Islamisierung* und *Islamismus* untersuchen. Dazu werden das Länderkundekapitel und die Kapitel vier und fünf der ägyptischen Sozialpolitik aufeinander bezogen, wobei eine Ausrichtung auf sozialpolitische Aspekte erfolgt.

*Re-Islamisierung* und *Islamismus* lagen als Bestandteil eines allgemeinen Dritte-Welt-Nativismus eine Gesellschaftskrise zugrunde, in der sich mehrere Dimensionen unterscheiden lassen.

Die **politische Dimension** zeigt sich in einer Krisensituation, auf die sich die beiden Wellen der *Re-Islamisierung* zurückführen lassen: in den 30er bis 50er Jahren scheiterte die parlamentarische Demokratie, auf der nach der Unabhängigkeit (1922) die Hoffnungen geruht hatten. Als der neue Ansatz NASSERs, der Sozialismus und säkulare Nationalismus, scheiterte, kam es zur zweiten Welle der *Re-Islamisierung* in den 70er und 80er Jahren. Die Erwartungen der Bevölkerung an die Regierung nach der Unabhängigkeit bzw. Revolution (1952) hinsichtlich der Lösung ökonomischer und sozialer Probleme konnten nicht befriedigt werden. Dennoch gab die Regierung die Macht nicht an eine andere Elite ab. So verbot NASSER 1953 alle Parteien zugunsten der Einheitspartei[116]. Auch die Muslimbrüder wurden für illegal erklärt. Sogar die Gewerkschaften arbeiteten mit der Regierung zusammen. Seit der Ermordung SADATs 1981 herrscht der Ausnahmezustand, was der ägyptischen Vorstellung von einer Regierung recht entgegengesetzt ist. Dadurch kamen viele Menschen zu der Überzeugung, die notwendigen politischen und sozialen Veränderungen seien im Rahmen des politischen Systems nicht mehr durchsetzbar. So gewannen die *Islamisten*, Anhänger eines Sonderphänomens der allgemeinen *Re-Islamisierung*, Zulauf. Sie schienen nach dem Scheitern der importierten Ideologien einen Ausweg aus der Krisensituation: das Ersetzen der gescheiterten Regierung durch eine islamische zu bieten. Sie fanden und finden bei den Massen Zustimmung, da durch die fremden Ideologien nicht die ganze Bevölkerung modernisiert wurde und davon profitierte, sondern nur die Eliten. Die Propagierung der genannten Ideologien und die damit angestrebten Verwestlichung bewirkte eine Identitätskrise in der Bevölkerung. Ägyptens Geschichte ist geprägt von wechselnder Fremdherrschaft und religiösen Konflikten, so dass dieser Identitätsverlust und die Bereitschaft zu religiösen Auseinandersetzungen eine lange Vergangenheit haben. Besonders gravierend wurde die Identitätssuche jedoch seit der französisch geprägten Europäisierung unter MUHAMMAD ALI, dem britischen Protektorat und dem Nasserismus.

Folge war im Sinne einer **kulturellen Dimension** der Gesellschaftskrise, daß das traditionelle Wertesystem oberflächlich verdrängt

---

116    SADAT führte das Mehrparteiensystem wieder ein.

wurde, ohne durch durchdachte neue Werte ersetzt zu werden. Problematisch war bei der Verwestlichung ferner die Zweifelhaftigkeit der Moral einer technisch überlegenen Welt aus islamischer Sicht. Auch schien sich diese Moral selbst in Frage zu stellen. Die Reaktion auf diese Identitätskrise, *Re-Islamisierung* bzw. *Islamismus*, äußert sich in islamischen Ländern stärker als der Nativismus anderer Dritte-Welt-Länder, denn durch seinen integralistischen Anspruch bestimmt der Islam die Identität seiner Anhänger besonders stark. Auch ist im Islam die Erinnerung an einstige islamische Größe (unter den vier so genannten rechtgeleiteten Khalifen) besonders frisch. Aus diesem Stolz des Muslims auf die Größe seiner Religion erklärt sich die Reaktion auf die Niederlage Ägyptens im Sechs-Tage-Krieg 1967. Die *Islamisten* verkündeten, Ursache sei die Abkehr des ägyptischen Staates vom wahren Islam gewesen. In dem Trauma der Niederlage stieß diese Überzeugung auf breite Zustimmung in der Bevölkerung. Als SADAT 1979 das Friedensabkommen von Camp David mit Israel schloss, war dies wieder Wasser auf die Mühlen der *Islamisten*, die das als Verrat am Recht des islamischen Volkes auf Palästina ansahen und weitere Anhänger gewannen. Auch SADATs liberale Öffnungspolitik und seine Toleranz gegenüber den *Islamisten* konnten das Wachsen des *Islamismus* nicht aufhalten. Seine Duldungspolitik führte sogar zum Entstehen neuer, radikalerer *islamistischer* Gruppierungen. Grund waren die zunehmende wirtschaftliche und soziale Krise und die Korruption, so dass an dieser Stelle die wirtschaftliche und soziale Dimension der Gesellschaftskrise entscheidend nicht so sehr für die zunehmende *Re-Islamisierung* als vor allem für den wachsenden *Islamismus* wurde. Die dargestellte politische Dimension der Gesellschaftskrise bewirkte die zunehmende *Re-Islamisierung*, während seit SADAT durch ihre wirtschaftliche und soziale Dimension besonders der *Islamismus* wuchs. Dies zeigt sich an der Vielzahl der *islamistischen* Terroranschläge, die von der Ermordung SADATs 1981 bis zu einem Anschlag auf MUBARAK 1995 reichen, denn MUBARAK sorgte mit seiner proamerikanischen Haltung im Golfkrieg für eine weitere Eskalation des *islamistischen* Terrors.

Die **wirtschaftliche Dimension** der allgemeinen Gesellschaftskrise manifestiert sich in der negativ verlaufenden wirtschaftlichen Entwicklung. Wie im vorangegangenen Abschnitt erwähnt, konnte nach der Unabhängigkeit weder die Monarchie mit ihrer parlamentarischen Demokratie, noch NASSER mit seinem Nasserismus, SADAT oder MUBARAK mit ihrer liberalen Öffnungspolitik die ökonomischen und sozialen Probleme lösen. Obwohl Ägypten über primäre und sekundäre Ressourcen verfügt, war die wirtschaftliche Entwicklung problematisch. Das größte Problem, die Exportschwäche, hängt mit der Knappheit an Kulturland und der wachsenden Bevölkerung zusammen. Den drei Phasen der Wirtschaftsentwicklung seit der Revolution von 1952 entsprechen parallele Phasen in der Sozialpolitik.

In der sozialistischen Phase unter NASSER (1952-1970) schwächte die beabsichtigte Stabilisierung der Wirtschaft durch eine nach innen gerichtete Wirtschaft den privaten Sektor und die ganze wirtschaftliche Entwicklung. Auch die Niederlagen gegen Israel 1956 und 1967 schwächten die Wirtschaft. Durch die Beschäftigungsgarantien für Akademiker besteht noch heute ein aufgeblasener öffentlicher Sektor mit versteckter Arbeitslosigkeit. Das dadurch abnehmende Verantwortungsgefühl wirkte sich negativ auf die Arbeitsleistung aus und schwächte so die Wirtschaft. Durch die niedrigen Gehälter (wegen der enormen Gesamtausgaben des Staates) vermehrten sich Armut, Korruption und Diebstahl.

Als SADAT diesen Fehlentwicklungen des Sozialismus mit seiner liberalen Wirtschaftspolitik gegensteuern wollte, wurde der Markt mittelfristig mit ausländischen Produkten überschüttet, so daß die sozialen Disparitäten noch zunahmen und die Armut wuchs.

Besonders seit der Strukturanpassung unter MUBARAK nahm die Armut drastisch zu. Die Ursache waren Massenentlassungen des durch NASSERs Beschäftigungsgarantien aufgeblähten öffentlichen Sektors und größere Korruption. Vor allem durch den Golfkrieg und die damit verbundenen Verluste der Devisenquellen wegen der Rückkehr der Gastarbeiter kam es 1990 zur offenen Wirtschaftskrise. Dies bedeutete enorme Verschuldung, Arbeitslosigkeit, Inflation und Armut, verstärkt noch durch die wachsende Bevölkerung.

Die Folgen lassen sich als **soziale Dimension** der Gesellschaftskrise verstehen. Während NASSERs Sozialpolitik am Anfang relativ viel versprechend war, nahmen die sozialen Probleme erst später und vor allem unter SADAT und MUBARAK durch deren geringe sozialpolitische Weiterentwicklung und die geschilderte Wirtschaftskrise zu. Vor allem die kapitalistische Öffnungspolitik der beiden Präsidenten verstärkte mittelfristig die sozialen Probleme noch. Während in der NASSER-Ära die erste Welle der *Re-Islamisierung* politisch bedingt war, gewann der *Islamismus* vor allem unter den nachfolgenden Präsidenten verstärkt an Zulauf aus dem so genannten

Lumpenproletariat - Folge der Zuspitzung der wirtschaftlichen und sozialen Misere. Diese vergrößerte sich noch in den 90er Jahren, da unter MUBARAK die Probleme seiner Vorgänger wie Landflucht, Wohnungsnot, Armut und Arbeitslosigkeit durch das Strukturanpassungsprogramm noch verstärkt wurden.

Die Unfähigkeit der Regierung, diese sozialen Probleme zu lösen, ließ weite Bevölkerungskreise - und besonders die Jugendlichen, die einen hohen Anteil an der ägyptischen Bevölkerung ausmachen - nach einer Alternative suchen.

Hier spielt besonders die ungleiche Behandlung der verschiedenen Berufsgruppen in den Sozialversicherungen SADATs , die MUBARAK nicht beseitigte, hinein. So erhielten und erhalten Staatsbeamte und Arbeitnehmer in öffentlichen Institutionen Leistungen wie Gesundheits-, Arbeitslosen- und Arbeitsunfallversicherungen, was z.B. bei Selbständig-Beschäftigten nicht der Fall ist. Dazu kommt die Tatsache, dass SADAT sich auf die soziale Entwicklung durch politische und wirtschaftliche Öffnung stützte, die Weiterentwicklung der Sozialarbeit freiwilligen Organisationen überließ und dadurch die Konkurrenz auch der *islamistischen* Gruppen zur staatlichen Sozialpolitik verstärkte.

Während die *Re-Islamisierung* vor allem durch die politische Gesellschaftskrise in den 30er bis 80er Jahren ausgelöst wurde, nahm der *Islamismus* seit den 80er und besonders in den 90er Jahren drastisch zu[117]: aufgrund der geschilderten wirtschaftlichen und sozialen Missstände. Dabei beeinflussen *Re-Islamisierung* und *Islamismus* in gewisser Weise auch die staatliche Sozialpolitik, denn deren eigentlicher Beginn erfolgte in der ersten Hälfte des 20. Jahrhunderts - zur Zeit der ersten *Re-Islamisierungswelle* und der Gründung der *islamistischen* Muslimbrüder. Die Einführung der Sozialversicherung, die unter NASSER in den 50er Jahren erfolgte, z.B. wurde schon im Programm von 1939 von den Muslimbrüdern gefordert[118]. Dies zeugt von einer gewissen Wechselwirkung, zumindest in dieser Zeit, von *Re-Islamisierung/Islamismus* und staatlicher Sozialpolitik.

Gegenkräfte zum *Islamismus* sind nationalistische oder sozialistische Parteien, ethnische oder religiöse Minderheiten oder ein Islamver-

---

117     Dabei bildet QUTBs in den 40er Jahren verfaßte Werk "Soziale Gerechtigkeit im Islam" die Grundlage, wodurch sich zeigt, dass zu dieser Zeit *Re-Islamisierung* und *Islamismus* noch nicht strikt zu trennen waren.

118     Auch wurde NASSER anfangs von der Gemeinschaft der Muslimbrüder unterstützt.

ständnis, das der sunnitisch-islamischen Orthodoxie der Islamisten entgegengesetzt ist. Letzteres kann eine integralistische Auslegung des Islam der muslimischen Mehrheit, eine der reformistischen Aufklärer in der Nachfolge von AFGHANI oder ABDUH oder der mystische Volksislam der zahlreichen *sufi*-Orden sein. Dies zeigt, dass ein Mittel gegen den *Islamismus* der Islam selbst sein könnte. Seit der *salafiyya*-Bewegung unter AFGHANI und ABDUH im 19. Jahrhunderts wird die islamische Welt und so auch Ägypten von der Diskussion der Säkularisierung im Islam und der Interpretation des Textes geprägt. Die wachsende Anhängerschaft der *Islamisten* bedeutet eine Abnahme der integralistischen oder säkularisierten Muslime und eine Zunahme der Befürworter des Politischen Islam und der Wiedereinführung der *shari'a*. In Ägypten ist laut Verfassung die *shari'a* zwar die Hauptquelle der Legislative, doch in der Praxis beschränkt sich dies auf das Familienrecht. Daher hat die *shari'a*-Debatte große Bedeutung für die *Islamisten*. Die Reaktion einiger Islamisten auf die Entwicklung einer neuen Interpretation der religiösen Überlieferung und damit der Auslegung des Islam wurde bei der Affäre ABU ZAID sichtbar.

Dieses Islamverständnis der *Islamisten* richtet sich auch gegen die staatliche Sozialpolitik. Das Scheitern der staatlichen Sozialpolitik wird auf ihre kapitalistischen und sozialistischen Einflüsse zurückgeführt. Die *Islamisten* fordern eine islamische Sozialpolitik, z.B. durch Wiedereinführung der obligatorischen *zakat*-Abgabe.

Aktive Anhänger der *Islamisten* sind in der städtischen Mittelschicht zu finden, obwohl dieses städtische Kleinbürgertum seit NASSER in der Einkommens-, Bildungs-, Preis-, Wohnungs- und besonders Beschäftigungspolitik bevorzugt wurde. Zwar gab es gute Ansätze in der Einkommenspolitik, doch durch die Beschäftigungsgarantien fielen bald die Löhne im staatlichen Sektor, so daß sich diese zwei sozialpolitischen Maßnahmen gegenseitig blockierten. Ein Grund ist in einer Art von Schaukelwirkung zwischen der Beschäftigungs- und Bildungspolitik der Regierung und der Anhängerschaft der *Islamisten* zu sehen: Durch die Beschäftigungsgarantien für Hochschulabsolventen unter NASSER und den damit verbundenen Anreiz zu akademischer Bildung wurde eine Entwicklung in Gang gesetzt, die zu einer Vielzahl von Akademikern führte, die von versteckter Arbeitslosigkeit betroffen sind und nur niedrige Löhne erhalten. Dies macht sie empfänglich für die Parolen der *Islamisten*, die dadurch über hochausgebildete Anhänger verfügen und von den Beschäftigungsgarantien NASSERs noch heute profitieren.

Die gesamte Umstrukturierung des Bildungssystems unter NASSER zielte auf eine Autoritätshörigkeit ab, die den *Islamisten* zugute kam, da dieser Gehorsam, ohne ihn zu hinterfragen, auf *islamistische* Führer übertragen wurde. Diese passive Haltung spiegelte sich auch in einer Erwartungshaltung der Bevölkerung wider. Dadurch, daß staatlichen Lohnerhöhungen und bessere Arbeitsbedingungen ohne die Initiative der Gewerkschaften gewährt wurden, und durch NASSERs Preispolitik, die den Wettbewerb ausschloß, entwickelte sich bei vielen Ägyptern die Erwartung, soziale Leistungen zu erhalten, ohne sich dafür einsetzen zu müssen. Als diese Erwartung mit Zunahme der Armut enttäuscht wurde, wuchs die Anhängerschaft der *Islamisten*. Diese betonten zudem die Verantwortung des Staates für den einzelnen statt der Eigenanstrengung und "hieben somit in dieselbe Kerbe".

Die Unterscheidung in aktive und passive Anhänger hat eine zeitliche Dimension. NASSERs Sozialpolitik machte am Anfang noch einen relativ viel versprechenden Eindruck. In dieser Zeit bestanden z.B. die Muslimbrüder, die NASSER verbot, hauptsächlich aus Angehörigen der Mittelschicht. Mit der Zuspitzung der sozialen Krise in den 80er und 90er Jahren rekrutierten die *Islamisten* mehr und mehr passive Anhänger aus dem so genannten Lumpenproletariat. Die Bevorzugung der Mittelschicht in der Sozialpolitik und die Einschränkung der subventionierten Nahrungsmittel, die zu Lasten der Armen ging, sowie die Defizite der sozialen Sicherung waren die Ursachen. Auch verarmten durch die zunehmende Landflucht mehr und mehr Menschen in den Städten, ohne daß sie von Formen der traditionellen Solidarität oder staatlicher Sozialpolitik aufgefangen wurden.

Diese Stadt-Land-Migranten, die sich plötzlich einer säkularisierten städtischen Gesellschaft gegenüber sahen, hin und her gerissen zwischen Altem und Neuem, suchten häufig eine religiös motivierte Zuflucht bei den *Islamisten*. Noch verwurzelt in ländlichen Traditionen wie der Alterssicherung durch Nachwuchs lag die Hinwendung zu den *Islamisten*, die meist Gegner einer Familienplanung waren, nahe, da die staatlichen Geburtenkontrollprogramme die Regierung in den Augen vieler Stadt-Land-Migranten suspekt machte. Zwar versuche MUBARAK auf den Zulauf zu den *Islamisten* in den städtischen Unterschichten zu reagieren, indem er in der Stadt mehr soziale Zentren als auf dem Land förderte, doch diese verstärkte wiederum die Landflucht. Arm und von der staatlichen Bildungspolitik nicht profitierend folgten sie den *islamistischen* Parolen häufig, ohne den *qur'an* lesen zu können. Die Wohnungspolitik, die aufgrund der wachsenden Bevölkerung und Landflucht von immenser Bedeutung ist, ist trotz einiger Wohnungsbauprogramme in den 90er Jahren immer noch nicht ausreichend. Die meisten Land-Stadt-Migranten leben in Slums auf den Dächern anderer Baracken.

In diesen Elendsvierteln regieren die *Islamisten* fast uneingeschränkt, frei von staatlicher Intervention. Sie haben ein soziales Netz aufgebaut, das Krankenhäuser, Moscheen, Schulen usw. umfasst. Diese sozialen Dienste von hoher Qualität und niedrigen Kosten werden nicht nur von den unteren, sondern auch von den Mittelschichten genutzt. Mit den sozialen Diensten übernehmen die Menschen auch die Ideologie der *Islamisten*, die aufgrund der kulturellen und politischen Enttäuschung vom Regime ohnehin Anklang findet. Diese den Staat destabilisierende Ideologie unterscheidet die *islamistischen* von den islamischen Organisationen und sorgt für Verbreitung der *islamistischen* Überzeugungen bei der vom Staat im Stich gelassenen Bevölkerung, wie z.B. die Ablehnung der Trennung von Staat und Religion.

Aus dieser Analyse lässt sich die Grundthese ableiten, daß die *Re-Islamisierung* und besonders der *Islamismus* zwar im wesentlichen eine kulturelle Defensivreaktion mit starker Betonung nativistischer Momente ist, insbesondere jedoch als Antwort auf eine innergesellschaftliche Krise aufgefaßt werden kann, bei welcher realsozialpolitische und wirtschaftliche Aspekte eine herausragende Rolle spielen. Damit kann die Fragestellung dieser Arbeit nach der Beeinflussung von *Re-Islamisierung* und *Islamismus* durch die defizitäre staatliche Sozialpolitik mit einer differenzierten Schlussfolgerung beantwortet werden.

Während sich die Verbreitung des *Islamismus* mit einer starken Beeinflussung von Seiten der staatlichen Sozialpolitik erklären lässt, sind bei der *Re-Islamisierungswelle* eher politische und kulturelle Gründe ausschlaggebend.

## 6.3 Konsequenzen des Islamismus für die Entwicklungszusammenarbeit

Die These von Kap. 6.2, die einen Einfluß der defizitären staatlichen Sozialpolitik auf die *Re-Islamisierung* und besonders auf den *Islamismus* beinhaltet, weist der Entwicklungszusammenarbeit eine ho-

hen Stellenwert zu im Sinne der Hilfe bei der Beseitigung eben dieser sozio-ökonomischen Krisenbedingungen. Denn *Re-Islamisierung*
und *Islamismus* können als Scheitern der bisherigen Entwicklungs-
bemühungen gewertet werden. *Re-Islamisierung* und *Islamismus*
stellen eine Entwicklungszusammenarbeit nicht grundsätzlich in
Frage, sofern diese keine westlichen Entwicklungsmuster mehr in
die islamische Welt exportiert, sondern andersartige Entwicklungsmuster akzeptiert. Beim Gros der *Islamisten* wird eine Entwicklungskonzeption intendiert, die einer Strategie der autozentrierten
Entwicklung nahe kommt[119]. Wirtschaftlicher Schwerpunkt ist eine
Binnenorientierung durch entsprechende Wirtschaftskreisläufe und
Befriedigung der Bedürfnisse breiter Bevölkerungsschichten, d. h.
eine Verringerung der Auslandsabhängigkeit. Soziale Komponente
einer solchen Strategie könnte eine Ausrichtung des Gesundheitswesens auf die Verbesserung der hygienischen Verhältnisse der
Masse oder auf die Bekämpfung der Volkskrankheiten (statt die Errichtung von westlich geprägten Kliniken) sein. Das Gesundheits-
wie auch das Wohnungsbauwesen dürften ein Feld der Entwicklungszusammenarbeit      darstellen,      während      dies      bei      der
Bevölkerungspolitik fraglich wäre. Familienplanung bildet einen
wichtigen Bestandteil der Entwicklung in den Augen der Industrieländer. Bei einem Entwicklungskonzept der Befürworter der *Re-
Islamisierung* oder des *Islamismus* könnte das allerdings auf Ablehnung stoßen. Zwar gibt es eine Vielzahl von Meinungen zur Familienplanung im Islam, doch werden die Wortführer ein so heikles
Thema nicht gerade zum Gegenstand einer Entwicklungszusammenarbeit machen wollen. Problematisch dürfte auch die Frauenfrage sein, welcher im Zusammenhang mit Entwicklungszusammenarbeit, Sozialpolitik und *Re-Islamisierung* und *Islamismus* das
nächste Kapitel gewidmet ist.

## 6.4 Die Frauenfrage in Re-Islamisierung bzw. Islamismus, Entwicklungszusammenarbeit und Sozialpolitik

Die genannten Punkte Sozialpolitik, *Re-Islamisierung* bzw. *Islamismus*
und deren Wirkung auf die Entwicklungszusammenarbeit laufen

---

119    S. Kap. 3.4.

zusammen in einem Knotenpunkt: ihren Schnittpunkt bildet die Frauenfrage[120].

Von der Gründung der Feminist Union von HUDA ASH-SHA'RAWI 1923 bis zur Sozialpolitik NASSERs gewann die Emanzipationsbewegung der Frau mehr und mehr an Boden. Seit der Reform des Bildungswesens unter NASSER nahm die Zahl der Mädchen auf allen Ebenen des Bildungswesens stetig zu. Mit dem Arbeitsgesetz von 1959 regelte NASSER die Gleichberechtigung im Berufsleben. Gleicher Lohn für gleiche Arbeit, Mutterschutz und Nachtarbeitsverbot für Frauen wurden festgesetzt. Doch nahmen Arbeitgeber diese Bestimmungen oft zum Vorwand, keine Frauen mehr einzustellen oder nur, falls die Frauen geringere Löhne akzeptierten.

In der *islamistischen* Argumentation stellt die Haltung zur Stellung der Frau in der gesellschaftlichen Öffentlichkeit den wichtigsten Ansatzpunkt dar, wie schon an der zunehmenden Verschleierung parallel zum wachsenden *Islamismus* deutlich wird. Der vermehrte Zulauf von Frauen zu den *Islamisten* kann aus politischer, soziologischer und psychologischer Sicht interpretiert werden. Die Frau ist besonders stark von der allgemeinen Identitätskrise getroffen, da der Unterschied zwischen ihrer Realität vor allem auf dem Land und dem in den Medien vermittelten westlichen Frauenbild groß ist. Auch wurden westliche Werte häufig nur oberflächlich übernommen, ohne dass sich die mentale Einstellung geändert hätte. Die säkulare Bewegung blieb nur an der Oberfläche und drang nicht ins Bewusstsein der Menschen. Mechanismen patriarchaler Kontrolle im Rahmen der Familie blieben weiterhin bestehen. Neben dieser sozialen und psychologischen Komponente spielt die politische Ablehnung von Kolonialismus und westlichem Gedankengut eine wesentliche Rolle. So finden die *Islamisten* immer mehr Zustimmung, wenn sie als vornehmste weibliche Aufgabe Familie und Haushalt propagieren. Durch diese Konzentration der *islamistischen* Überlegungen auf die Stellung der Frau und Ausrichtung ihrer Aktionen hauptsächlich auf das Zurückdrängen der Frau aus ihrer gesellschaftlichen Stellung folgt eine entsprechende Beeinflussung der Familienpolitik und damit auch der sozialen Entwicklung Ägyptens. Denn Frauen stellen eine wichtige Sozialkomponente bei der Entwicklung Ägyptens dar. Weil die sozialen Sicherungssysteme der staatlichen Sozialpolitik nicht ausreichen, muß diese Lücke von

---

120   S. Kap. 1.3, 3.4 und 3.5.

traditionellen Solidaritätsformen ausgefüllt werden. Dies fällt aufgrund traditioneller Ansichten meist in den Aufgabenbereich der Frau. Doch durch die Verwestlichung der Stadt zerfällt dieser familiäre Rückhalt immer öfter. Damit wird der Bedarf der sozialen Sicherung der von der staatlichen Sozialpolitik vernachlässigten unteren Schichten nicht mehr gedeckt. Die Konsequenz ist die Empfänglichkeit dieser benachteiligten Schichten für die Parolen der *Islamisten*, die die Frau in ihre familiäre Rolle zurückdrängen wollen. Folglich wären auch die Formen familiärer Solidarität als Pendant zur staatlichen sozialen Sicherung wiederhergestellt. Diese Folgekette erklärt den Zulauf zu den *Islamisten* bei der städtischen Unterschicht. Auf dem Land dagegen, wo die traditionellen Solidaritätsformen noch greifen, ist ein Zurückdrängen der Frau in die Familie durch *islamistische* Parolen nicht nötig.

Neben dieser Bedeutung der Frau für die Soziale Sicherung spielte und spielt sie eine wichtige Rolle in der Sozialreform Ägyptens. Seit dem 19. Jahrhundert bestand eine Vielzahl von Sozialorganisationen, die vollständig von Frauen geführt wurden, hauptsächlich *waqf*-Stiftungen. Viele davon entstanden im Zuge der nationalen Bewegung Ende des 19. Jahrhunderts, wie die von HUDA ASH-SHA'RAWI gegründete Feminist Union. Sie hatte eine breite Palette an sozialen Projekten. Ihre Mitglieder betrachteten Nächstenliebe als religiöse und nationale Pflicht. Sie leisteten Pionierarbeit auf sozialem Gebiet, indem sie z.B. Schulen, Krankenhäuser, ein Altersheim für Frauen und Zentren für Geburtenkontrolle errichteten. Vor allem im Zweiten Weltkrieg zeigten sich die Frauen des Roten Halbmonds unentbehrlich im sozialen Feld.

Diese Bedeutung der Frau auf sozialem Gebiet sowohl öffentlich als auch in der traditionellen Sicherungsform der Familie wurde in der UNO-Konferenz für Bevölkerung und Entwicklung 1994 in Kairo betont. Demnach ist die Verbesserung der Situation der Frau nicht nur für die Frau, sondern für die gesamte soziale und damit allgemeine Entwicklung eines Landes die Basis. Die Entwicklungszusammenarbeit konzentriert sich mehr und mehr auf sozialpolitische Komponenten und besonders auf die Frauenfrage. In der Konferenz wurde folgende Gleichung aufgestellt:

Entwicklungspolitik gleich Bevölkerungspolitik

Bevölkerungspolitik gleich Sozialpolitik

Sozialpolitik gleich Frauenpolitik.

# 7 Schluß

## 7.1 Resümee

Die Ursache der Welle von *Re-Islamisierung* und *Islamismus* in Ägypten hat mehrere Dimensionen, von denen zwei in dieser Arbeit hervorgehoben wurden: die politisch-kulturelle, die bei der wachsenden *Re-Islamisierung* wichtig ist, und die wirtschaftlich-soziale Dimension, die vor allem für den zunehmenden *Islamismus* ausschlaggebend ist.

Politisch-kulturell führten das Scheitern der importierten Ideologien und die Niederlagen gegen Israel zu einer Enttäuschung der Bevölkerung über das herrschende Regime seit NASSER. Die durch langandauernde Fremdherrschaft und Verwestlichung hervorgerufenen Schwächungen des Identitätsgefühls führten zur Strömung der *Re-Islamisierung* im Zuge des allgemeinen Dritt-Welt-Nativismus. Dabei trugen vor allem die wirtschaftlichen und sozialen Probleme zur Ablehnung der herrschenden Regierung in breiten Bevölkerungskreisen bei. Besonders in den 80er und 90er Jahren nahmen Wirtschaftskrise und soziale Missstände wie Armut und Arbeitslosigkeit stark zu - und damit auch die Anhängerschaft der *Islamisten*. Die Defizite der staatlichen Sozialpolitik werden wie das Scheitern der gesamten Regierung auf die nichtislamischen Einflüsse zurückgeführt.

Die staatliche Sozialpolitik ist stark von Sozialpolitikkonzepten der Ersten, Zweiten und Dritten Welt geprägt - und wenig von islamischen sozialpolitischen Komponenten. Die Forderung der *Islamisten* nach einer Regierung und vor allem einer Sozialpolitik, die mehr am Islam orientiert ist, überzeugt mehr und mehr von der säkularen Regierung und staatlichen Sozialpolitik enttäuschte Ägypter.

Zu diesem Zulauf der *Islamisten* trägt auch das Angewiesensein der unteren Bevölkerungsschichten auf die sozialen Dienste der *Islamisten* bei, denn sie bieten nicht nur theoretische sozialpolitische Auswege aus der wirtschaftlich-sozialen Krise, sondern auch praktische soziale Hilfe, die die staatliche Sozialpolitik nicht leisten kann.

Daraus ziehe ich folgende Schlußfolgerung, welche die Fragestellung dieser Arbeit nach Zusammenhängen zwischen der defizitären staatlichen Sozialpolitik und dem Anwachsen von *Re-Islamisierung* und *Islamismus* in Ägypten beantwortet:

*Re-Islamisierung* und *Islamismus* sind im Wesentlichen eine kulturelle Defensivreaktion mit starker Betonung nativistischer Momente. Doch der Schritt vom Befürworten der *Re-Islamisierung* zum *Islamismus* wird stark von der sozialen Dimension der innergesellschaftlichen Krise – der Enttäuschung von der defizitären staatlichen Sozialpolitik und dem konkreten Angewiesensein auf die sozialen Dienste der *Islamisten* beeinflußt[121]. Diese Verknüpfung der sozialen und sozialpolitischen Situation mit der Zunahme des *Islamismus* beinhaltet folgende Konsequenzen:

1. Sie sollte eine veränderte Konzeption der Entwicklungsarbeit nach sich ziehen;
2. Sie wirkt sich auf die Frauenfrage aus. Denn die Frau steht im Mittelpunkt der *islamistischen* Aktivitäten und ist besonders bei defizitärer staatlicher Sozialpolitik eine wichtige soziale Komponente.

## 7.2 Meinung und Ausblick

*Re-Islamisierung* und *Islamismus* sollten meiner Meinung nach als Signal verstanden werden. Ich bewerte die *Re-Islamisierung* als positiven Anstoß für die soziale Entwicklung Ägyptens und eine Umorientierung der Entwicklungszusammenarbeit. Den *Islamismus* interpretiere ich als Warnung vor den extremen Konsequenzen, die folgen, falls die *re-islamische* Strömung nicht richtig verstanden und konstruktiv genutzt wird und die sozialen Probleme als Ursache des *Islamismus* nicht vermindert werden.

Durch den dargestellten Zusammenhang zwischen sozialpolitischen Mängeln des Staates und *Re-Islamisierung*, besonders aber *Islamismus*, besteht ein Handlungsbedarf für die ägyptische Regierung und die Entwicklungszusammenarbeit, diese Defizite zu beheben. So gesehen kann vor allem der *Islamismus* als ein Entstehungsgrund für die soziale Entwicklung gesehen werden.

---

121   Diese Schlußfolgerung sollte nicht kausal verstanden werden, sondern als einen Aspekt der komplexen Realität, in die vor allem politische und kulturelle Faktoren hineinspielen.

In der Entwicklungszusammenarbeit bedeuten die beiden Strömungen die Notwendigkeit, eine neue Entwicklungskonzeption zu entwerfen, die die islamische Identität und die sozialen Probleme Ägyptens stärker als bisher berücksichtigt. Die Konsequenz wäre nicht nur eine Verbesserung der sozialen Lage in Ägypten, sondern auch eine u. U. angemessenere und damit effizientere Entwicklungszusammenarbeit. Dies würde nicht nur Ägypten aus seiner innergesellschaftlichen Krise, sondern auch die Entwicklungszusammenarbeit aus ihrer Sackgasse befreien. Denn *Re-Islamisierung* und *Islamismus* und ihre sozialpolitischen Ursachen könnten der Anstoß für einen Schritt der Entwicklungszusammenarbeit in eine ganz neue Richtung sein. Problematisch dabei könnte möglicherweise die Frauenfrage sein. Bei der Weltbevölkerungskonferenz in Kairo 1994 wurde die Frau in den Mittelpunkt von sozialer Entwicklung und Entwicklungszusammenarbeit gestellt. Anhänger von *Re-Islamisierung* und *Islamismus* betonen ebenfalls die Notwendigkeit der Verbesserung der Situation der Frau. Doch ist bei den Parteien damit Gegensätzliches gemeint. In der Konferenz war eine westliche Auffassung der Frauenbefreiung enthalten. Bei *Re-Islamisierung* und vor allem *Islamismus* stellt sich eine Verbesserung der Situation der Frau in Verschleierung und Segregation dar. Dies jedoch entspricht meiner Meinung nach nicht der Religion des Islam, sondern der Tradition und extremen Vorstellungen, die noch nicht einmal traditionell, sondern neuzeitlich sind[122]. Notwendig wäre folglich die Analyse von neuzeitlich-extremen, traditionellen und tatsächlich islamischen Komponenten in der angeblich islamischen Frauenfrage und dem vorherrschenden Islamverständnis allgemein[123]. Ergebnis wäre, wie ich glaube, ein Frauenbild, das nicht westlicher oder *islamistischer* Auffassung, aber den Bedürfnissen der Frau auf eigene Weise entspräche.

Wendet man eine solche Neuinterpretation des Frauenbildes im Islam auch auf andere Bereiche an, so gelangt man zu einem neuen

---

122  Der qur'an fordert meines Wissens nach in keiner Sure die Verschleierung der Frau. Die verbreitete Verschleierung rührt von der Tradition her. Extreme Formen wie z.B. der Tschador im Iran, der Bui-Bui in Ostafrika oder die Burka in Afghanistan sind erst in der Neuzeit eingeführt worden.

123  Eine solche Neuinterpretation war z.B. die Ursache für die Zwangsscheidung des Ägypters Abu Zaid. Dies zeigt die Existenz der Auseinandersetzung mit dem vorherrschenden Islamverständnis, aber auch dessen Gefährlichkeit.

Islamverständnis, in dem die Chancen im *qur'an* erkannt und für die Notwendigkeiten der Gegenwart genutzt werden. Die Tatsache, daß die konservative Islamauslegung der Islamisten zur Zeit bei vielen Muslimen Anklang findet, führe ich darauf zurück, daß im Zuge der *Re-Islamisierung* der Wunsch nach einer Rückbesinnung auf eigene Werte stattfindet, aber keine Alternative zur einseitigen Islamauslegung der *Islamisten* existiert. Hier besteht der Bedarf, ein neues Islamverständnis zu entwickeln, wie es ABU ZAID und andere bereits versuchen.

Fazit meiner Arbeit: Der nachgewiesene Zusammenhang zwischen sozialpolitischen Defiziten des Staates und dem Erstarken des *Islamismus* zeigt, dass dieser verstanden werden kann als Anstoß und Chance zur:

- sozialen Entwicklung,
- Umorientierung der Entwicklungszusammenarbeit und
- Entwicklung und Verbreitung eines neuen Islamverständnisses nicht nur in Ägypten, sondern auch weltweit.

# Literaturverzeichnis

## Quellen

ÄGYPTEN 1994. Hrsg. von: Munzinger-Archiv. Ravensburg 1994, S. 2-5.

AL-JIHAZ AL-MARKAZI LIT-TA'BI'A AL- AMA WA-L-IHSA' (DIE , ZENTRALE BEHÖRDE FÜR ZENSUS UND STATISTIK): Ihsa' al-khadamat al-ijtima'iyya (Die Statistik der sozialen Dienste ). Kairo 1990, Tab. 2, 4 und 5.

CENTRAL AGENCY FOR MOBILIZATION AND STATISTICS, Internet

THE 1980 CONSTITUTION OF THE ARAB REPUBLIC OF EGYPT. Hrsg. von: The State Information Service. Kairo o.J.

DIE TAGESZEITUNG vom 24.02.1994

FINANCIAL TIMES vom 20.05.2003

FRANKFURTER ALLGEMEINE vom 20.05.2003

FRANKFURTER ALLGEMEINE ZEITUNG vom 12.01.1993

JARIDA AR-RASMIYYA (REGIERUNGSZEITUNG) vom 15.01.1964.

HAMMADY, I. M. R. : Religious medical centers in Cairo. O.O. 1990. Zit. nach: MM ASSOCIATION ANNUAL REPORT 1988. Hrsg. von: Mu-stafa Mahmud Association. Kairo 1988.

INTERNATIONALE KONFERENZ 1994 ÜBER BEVÖLKERUNG UND ENTWICKLUNG (ICPD 1994). Hrsg. von: Bundesinstitut für Bevöl-kerungsforschung. Wiesbaden 1994, S. 133-273.

KORAN; übersetzt von Paret, R.; Stuttgart/Berlin 1989.

KOTB, S.: Social justice in Islam. Übersetzt von Hardie, J. B. New York 1977, S. 1-139.

LÄNDERBERICHT ÄGYPTEN 1993. Hrsg. von: Statistisches Bundesamt. Wiesbaden 1993, S. 25-118.

LÄNDERBERICHT DEUTSCHLAND 1995. Hrsg. von: Statistisches Bun-desamt. Wiesbaden 1995, S. 15-18.

MARKAZ AD-DIRASAT AS-SIYASIYYA WA-L-ISTIRATIYYA (ZENTRUM FÜR POLITISCHE UND STRATEGISCHE STUDIEN): Al-jam'iyyat al-ahliyya fi Misr (Private Vereinigungen - Non go-vernmental organisations - in Ägypten). Kairo 1995, S. 237-249.

MINISTERIUM FÜR SOZIALVERSICHERUNG: Sozialversicherung in der Arabischen Republik Ägypten. In: INTERNATIONALE REVUE FÜR SOZIALE SICHERHEIT, Nr. 4 (1984), S. 469-486.

SÜDDEUTSCHE ZEITUNG vom 07.01.1997

STATISTICAL YEARBOOK 1995. Hrsg. von: Central Agency for Public Mobilization and Statistics (CAPMAS). Kairo 1995, S. 183-261.

THE REPUBLIC OF EGYPT: The Permanent Council for Public Welfare Services. Kairo 1955, S. 7-10.

WORLDBANK (Hrsg.): Alleviating poverty during structural adjustment. Washington 1991, S. 5-38.


## Nachschlagewerke

THE ENCYCLOPAEDIA OF ISLAM. Hrsg. von: Bosworth, V. E.. Leiden 1995, Benutzter Artikel: Waqf

ENZYCLOPED1E DE L'ISLAM. Hrsg. von: Gibb, H. A. R.. Paris 1960. Benutzter Artikel: Al-Azhar.

ENZYKLOPAEDIE DES ISLAM. Hrsg. von: Houtsma, M. Th. . Leipzig 1934. Benutzte Artikel: Wakf, zakat und zahiriyya.

LEXIKON DER ARABISCHEN WELT. Hrsg. von Ronart, S./Ronart, N. . Zürich 1972. Benutzter Artikel: Waqf.

LEXIKON DER SOZIALPOLITiK. Hrsg. von: Winkler, G. Berlin 1987. Benutzter Artikel : Sozialpolitik, kapitalistische.

LEXIKON DER ISLAMISCHEN WELT. Hrsg. von Kreiser, K. Stuttgart 1974. Benutzter Artikel: Armenküche.

THE STATESMAN'S YEARBOOK 1969-97. Hrsg. von Hunter, B. London 1996. Benutzter Artikel: Germany.

## Literatur

ABDELNASSER, W. M. : The Islamic movement in Egypt. London o.J., S. 27ff.

ABU ZAID, N. H. : Islam und Politik. Kritik des religiösen Diskurses. Frankfurt 1996.

AHMAD, H. M. M. : Sozialer Aspekt des Islam. Frankfurt 1981, S. 3f

AL-LAITHY, H./KHEIR AL-DIN, H. : Evaluation de la pauvrete en Egypte en fonction des donnees sur les menages. In: EGYPTE/MONDE ARABE, Nr. 12-13. Paris 1993, S. 109-137.

ARTICUS, S.: Sozialpolitik in Entwicklungsländern. Frankfurt 1990, S. 1-7, 73-190.

AWAD, T. M. : Zur Entwicklung der ländlichen Sozialpolitik von Anfang des 20. Jahrhunderts bis zur Sadat-Ära (Ägypten). Hohenheim 1986, S. 28.

BADR, S. A. : Die politischen und sozialen Ziele der Moslembrüder. Graz 1968, S. 70- 105.

BARBAR, K. : Les waqfs dans l'Egypte contemporaine, o.O. 1982, S. 5-71.

BENDA-BECKMANN, F. von u.a. : Between kinship and the state. In: BENDA-BECKMANN, F. von (Hrsg.): Between kinship and the state. Dordrecht 1988, S. 7-2 1.

BEN NEFISSA, S. : Zakat officielle et zakat non officielle aujourd'hui en Egypte. In: EGYPTE/MONDE ARABE, Nr. 7 (1991), S. 105-119.

BERGER, M. : Islam in Egypt today. Social and political aspects of popular religion. Cambridge 1970, S. 90-127.

BÜTTNER, F./BÜTTNER, V. : Ägypten. In: NOHLEN, D./NUSCHELER, F. (Hrsg.): Handbuch der Dritten Welt, Bd. 6. Bonn 1993, S. 154-190.

DIXON, J. : Social welfare in socialist countries. London 1992, S. VIII-X.

EL-SAYED, M. K. : The Islamic Movement in Egypt: Social and Political Implications. In: OWEISS, I. M. : Egypt. Washington 1990, S. 222-237.

FERGANY, N. : Profils de la pauvrete et du chomage en Egypte. In: EGYPTE/MONDE ARABE, Nr. 12-13. Paris 1993, S. 197-203.

FLICK, U. : Stationen des qualitativen Forschungsprozesses. In: FLICK, U. (Hrsg.): Handbuch qualitative Sozialforschung. Weinheim 1995, S.148-177.

FLORES, A. : Secularism, integralism and political Islam. In: MIDDLE EAST REPORT, Nr. 183 (1993), S. 32-38.

FORSTNER, M.: Die Muslimbrüder II. Frankfurt 1983, S. 10-17.

FULDA, G.: Die Entwicklung des ägyptischen Sozialversicherungsrechts. Hamburg 1969, S. 3-18 und 107f.

GARISHA, A. M.: Die Muslimbrüder. In: BAYERISCHE LANDESZENTRALE FÜR POLITISCHE BILDUNGSARBEIT: Weltmacht Islam. München 1988, S. 393-403.

GARRISON, J. L.: Public assistance in Egypt. An ideological analysis. In: THE MIDDLE EAST JOURNAL Nr. 32,3 (1978), S. 279-291;

GOLDZIHER, 1. : Die Richtungen der islamischen Koranauslegung. Leiden 1952.

GSTREIN, H.: Die Sozial- und Wirtschaftsordnung des Islam. In: BAYERISCHE LANDESZENTRALE FÜR POLIITSCHE BILDUNGSARBEIT (Hrsg.): Weltmacht Islam. München 1988, S. 281-297.

HANAFI, H.: The relevance of Islamic alternative in Egypt. In: Arab Studies Quaterly, Nr. 1 und 2 (1982), S. 54-74.

HÖHLING, C. : Die Frauenfrage aus islamistischer Sicht. Berlin 1993, S. 1-7, 39-49, 94-179.

HOEXTER, M.: Huquq Allah and Huquq al-Ibad as reflected in the Waqf institution, In: Jerusalem Studies in Arabic and Islam, Jerusalem, Band 19, 1995, S. 133-156

HUSEIN, Z. : Die Zakatsteuer. Eine soziopolitische Maßnahme. In: MOSLEMISCHE REVUE, Nr. 1 (1924), S. 73-79.

HUSSEIN, A. : The role of women in social reform in Egypt. In: THE MIDDLE EAST JOURNAL, Nr. 74 (1953), S. 440-451.

IBRAHIM, F. : Ägypten: Eine geographische Landeskunde. Darmstadt 1996, S. 1-200.

IBRAHIM, S. : Sozialprofil und Ideologie militanter muslimischer Gruppen in Ägypten. In: SCHÖLCH, A.(Hrsg.): Die ägyptische Gesellschaft im 20. Jahrhundert. Hamburg 1992, S . 171 -197.

ISMAEL, J./ISMAEL, T. Y. : Social policy in the Arab world. Kairo 1995, S. 1-13, 23-57.

JUYNBOLL, T. W. : Handbuch des islamischen Gesetzes. Leipzig 1910, S . 94- 1 13.

KANDIL, F. : Die Muslimbruderschaft. In: BAYERISCHE LANDESZENTRALE FÜR POLITISCHE BILDUNGSARBEIT: Weltmacht Islam. München 1988, S. 403-413.

KHALID, D.: Entwicklungspolitische Untersuchungen zur islamischen Herausforderung. Hamburg 1983 , S. 3 - 100.

KHASHEF, A. S. M. : Egypt. In: DIXON, J.: Social welfare in the Middle East. Worcester 1987, S. 1-32.

KHOURI, A. T. : So sprach der Prophet. Worte aus der islamischen Überlieferung. Gütersloh 1988, S. 15-20, 172-194.

LAMPERT, H.: Lehrbuch der Sozialpolitik. Berlin 1994, S. 1-17 und 131-155.

LÜDERS, M.: In: ARTE TV Magazin 2002, S. 6f

LUIZARD, P.-J. : Le role des confreriers soufies dans le systeme politique egyptien. In: MONDE ARABE/MAGHREB MASCHREK, Nr. 31 (1991), S. 34.

MANSHARD, W. : Afrika südlich der Sahara. Frankfurt 1970, S. 206f

MASSARAT, M.: In: Bundeszentrale für Politische Bildung: Politik und Zeitgeschichte Nr. 03-04/18./25.01.2002

METZGER, A.: Der Himmel ist für Gott, der Staat für uns: Islamismus zwischen Gewalt und Demokratie. Göttingen 2000, S. 1-10

MUSALLAM, A. A.: Sayyid Qutb and Social Justice, 1945-1948. In: JOURNAL OF ISLAMIC STUDIES, Nr. 4,1 (1993), S. 52-71.

NIENHAUS, V.: Zakat. Das islamische Steuerwesen. Frankfurt 1982, S. 3-15.

NOUR, E.: Die Rolle des Sozialfonds im Rahmen der Strukturanpassungspolitik in Ägypten. Berlin 1995, S. 1-25.

PAWELKA, P.: Herrschaft und Entwicklung im Nahen Osten: Ägypten. Heidelberg 1985, S. 177-220.

SALEM, M. : Soziale Ideen im Islam nach Koran und hadith. Heidelberg o.J., S. 53 - 63.

SCHAMP, H. : Ägypten. Tübingen 1977, S. 530-537.

SCHEBEN, T. (Hrsg.): Systems of social security. Egyptian and German experiences. O.O. 1994.

SCHÖLCH, A. : Der arabische Osten im neunzehnten Jahrhundert 1800-1914. In: HAARMANN, U. (Hrsg.): Geschichte der arabischen Welt. München 1987, S. 365-432.

SHEPARD, W. : The development of the thought of Sayyid Qutb as reflected in earlier and later editions of Social Justice in Islam. In: DIE WELT DES ISLAM, Nr. 32,2 (1992), S. 196-237.

SROUR, H. : Die soziopolitisch-kulturelle Rolle des waqf; In: ASPEKTE DER KULTURSOZIOLOGIE 1982, S. 275-280.

STEINBACH, U. : Vom islamisch-westlichen Kompromiß zur Re-Islamisierung. In: ENDE, W./STEINBACH, U. (Hrsg.): Der Islam in der Gegenwart. München 1984, S. 198-212.

STEPPAT, F. : Islamische Antworten auf Fragen der modernen Welt. In: Bayerische Landeszentrale für politische Bildungsarbeit (Hrsg.): Weltmacht Islam. München 1988, S. 413-427.

TIBI, B. : Der Islam und das Problem der kulturellen Bewältigung sozialen Wandels. Frankfurt 1985, S. 26.

TWORUSCHKA, M. : Die Rolle des Islam in arabischen Staatsverfassungen. Walldorf 1976, S. 36f.

ULE, W. : Der arabische Sozialismus und der Islam am Beispiel Ägypten. Opladen 1969, S. 40f

VORA, A. H. 1.: Muslim social ideals. In. ISLAMIC CULTURE, Nr. 4 (1970), S. 81-89.

WEISS, H.: Zakat and the question of social welfare: an introductory essay on Islamic economics and ist implications for social welfare, In: WEISS, H. (Hrsg.): Social welfare in Muslim societies in Africa, Stockholm 2002, S. 7-38.

WIDMAIER, H. P. : Sozialpolitik im Wohlfahrtsstaat: Zur Theorie politischer Güter. Reinbek bei Hamburg 1976, S. 47-55.

WIELANDT, R. : Offenbarung und Geschichte im Denken moderner Muslime. Wiesbaden 1971, S. 1-19.

WILBER, D. : United Arab Republic - Egypt. New Haven 1969, S. 1- 162.

ZWIEDINECK-SÜDENHORST, o.V. : Sozialpolitik. Leipzig/Berlin 1911, S. 2-50.

www.ingramcontent.com/pod-product-compliance
Lightning Source LLC
Chambersburg PA
CBHW030336270326
41926CB00010B/1649